爽 SO BOOKS

木曽・御嶽

●わすれじの道紀行●

田中 博●編著
山本卓蔵●写真

風媒社

Ⅰ 木曽川をさかのぼる

木曽八景「寝覚の床」と「木曽のかけはし」 14
旧中山道を歩く 14
木曽福島町へ 20
崖屋造りの家 22
歴史の町並み・上の段 24
島崎藤村ゆかりの史跡 28
福島関所 28
山村氏と代官屋敷 29
木曽義仲ゆかりの天神 30
木曽駒ヶ岳をふりあおぐ 32
義仲の菩提寺・徳音寺 34

Ⅱ 御嶽街道をゆく

信仰の霊山木曽の御嶽 40
行人橋から御影堂までの登山道（旧御嶽登山道） 40
御影堂 43
旧黒沢登山道をゆく 43

合戸峠御嶽遥拝所　44
三岳・黒沢　45
御嶽神社里宮・若宮　48
黒沢から御嶽登山道を行く　48
霊神碑と天昇殿　48
油木美林遊歩道・百間滝登山道　52
六合目中の湯へ　54
倉越高原　55
御嶽頂上の火口湖とお鉢巡り　60
国道十九号から黒沢へ　60
黒沢から開田高原へ　61
白川氷柱群　62
御岳ロープウエイ　62

Ⅲ　開田高原へ　飛騨街道を行く

石仏の道歩き　73
唐沢の滝から地蔵峠へ　74
黒川本谷に沿って国道三六一号を行く　78
木曽の三観音・丸山観音　80

末川から把の沢へ 80
把の沢から西野へ 83
西野から長峰峠へ 83
開田高原の四季と今昔 88

Ⅳ 木曽駒高原・山麓線を行く

八沢川をさかのぼる 92
木曽駒山麓林道を行く 94
御輿まくりの由来 95
木曽駒高原を行く 98
原野交差点から木曽駒高原へ 98
JR原野駅から木曽駒高原へ 100
歴史の道・権兵衛街道 101
権兵衛峠の由来 102

Ⅴ 黒川郷 道祖神街道を歩く

木曽で最も道祖神の多い谷 106
道祖神とは 106
飛騨街道に沿って 109

●上志水・栃本地区　●東山観音堂
●島尻・島地区　●渡合地区
●猪子島地区　●樽沢地区
●二本木地区　●一の萱地区
黒川郷本谷道に沿って　117
●中谷地区　●溝口地区
●吉田地区　●平栃地区
●橋詰地区　●白山神社
●上小川地区・小野地区
●清博士地区　●村木地区
●芝原地区　●折橋地区
案内図　127

Ⅰ 木曽川をさかのぼる

木曽路の名所「木曽の桟（かけはし）」
の石垣が対岸の国道下に見える。

「寝覚の床」。浦島太郎伝説が残る
奇岩の名勝。

「桃介橋」。明治の電力王・福沢桃介が対岸の読書発電所への往来用に
架けた巨大な木製橋。橋長約248m。現在も住民が使用している。

「寝覚の床」近くには古い旅籠が残る。

旅籠近くにある木曽路の巨桜

木曽八景「寝覚の床」と「木曽のかけはし」

名古屋方面から国道十九号を木曽川に沿って北上してくると、上松町に入って、右側に「小野の滝」がある。しばらくして坂道を上ると寝覚のドライブインに着く。この下に名勝「寝覚《ねざめ》の床《とこ》」がある。

芭蕉の句碑（木曽のかけはし）

ともに江戸時代には「木曽八景」に数えられ、中山道を通る旅人の旅情を慰めた景勝地で、道中案内や街道絵図で紹介されていた。ここから国道は上松《あげまつ》の町街を迂《う》回してトンネルを三つ抜けると下り坂になる。下りきったところに名勝木曽八景の一つ木曽の桟《かけはし》がある。

木曽川にかかる橋を渡った対岸に、松尾芭蕉の「桟や命をからむ蔦《つた》かづら」の句碑がある。国道はまた上り坂になり、上りきったところから木曽町に入る。標高は七四〇メートル。

旧中山道を歩く

江戸時代には諸大名をはじめ、松尾芭蕉、十辺舎《じっぺんしゃ》一九《いっく》、松平秀雲《まつだいらしゅううん》、秋里籬島《あきさとりとう》や、明治になって正岡子規、幸田露伴などの文人墨客が通った中山道は、鉄道線路の敷設や、たび重なる道路の改修によって失われて、所々にしかその面影を残していないが、近頃になって昔をしのびながら歩いて旅する人の姿を見かけるようになった。

旧中山道は坂の途中の一里塚の石碑のあるところから右側の斜面に残る一メートルほどの幅の道を上ると一里塚の名残を残す小さな観音堂の祠《ほこら》がある。このあたりに立場茶屋があったが鉄道の複線化工事のために取り壊されて今はない。一部旧中山道が取り残されている。

国道の右側に板敷野の集落が続き、旧中山道は、国道から鉄道線路の下をくぐって線路に平行して山際の歩行道を上って行くと、鬱《うっ》蒼とした杉林の中を通る。

木曽八景のひとつに数えられる「小野の滝」

中山道の石仏

その中に「御嶽の四門」の一つ神戸《ごうど》の遥拝所《ようはいじょ》がある。

御嶽の四門というのは、それぞれ御嶽を中心にして、北の涅槃《ねはん》門は木祖村の鳥居峠に、東の発心《ほっしん》門はここの旧岩郷村神戸に、西の菩提《ぼだい》門は開田高原の長峰峠に、南の修業門は王滝村三浦山中の拝殿山に置かれていたもので、現在の残っているのはここの神戸遥拝所と、鳥居峠の遥拝所だけである。

御嶽四門の創設については、はっきりとしたことはわからないが、御嶽が信仰の山として栄えた鎌倉時代のことと考えられている。慶長六年に書かれた前田利太の道中日記にここに鳥居が建てられていたと記録があり、慶長九年、寛永九年に朽ち果てて再建された記録があるという。宝永二年に木曽の代官山村良忠《たかただ》が再建したが、これも壊れて、現在の石の鳥居は文政四年（一八二一）に普寛行者の弟子にあたる金剛院順明によって再建されたものである。

ここから神戸の集落があり、旧道はまたいったん国道へ出てくる。旧中山道は、国道から前方右の高いところに見える鳥居の集落を通って国道を横断して下る。

鳥居の集落には昔、鳥居が建っていて御嶽がよく見えたという。神戸にある遥拝所は、もとはこの集落の上にあったのではないかと思われる。旧道はいったん国道を横断して坂道を下って行くと、木曽病院の入り口交差点に出る。

木曽町に入った国道は、板敷野の集落を右にしてほぼ平坦なまっすぐな道路を行く。国道から左下の木曽川の方へ下りた平地に阿古太《あこた》丸の墓がある。

越立峠から御嶽を望む

阿古太丸の伝承 ―御嶽縁起―

阿古太丸の墓は、田の中のイチイの木の下の木柵に囲まれた中に「白川阿古太丸大神」と彫った石碑が立っている。その横に並んで、「白川阿古太丸大神・御嶽の原点一千二百年記念、平成元年、愛知県明栄講社建立」の石碑がある。

伝承というのは、昔、京都の北白川に宿衛少将重頼という公家が住んでいた。子どもに恵まれないので、神仏に願をかけていたところ、ある夜、夢に白鬚の老人が現れて申すには、「信濃国の御嶽蔵王大権現に願うのがよい」という御告げがあった。

早速、屋敷にお宮を建てて祈願をすると、その甲斐があって満願の日に女の子が生まれた。重頼は、利生御前と名づけて大切に育て、ますます信仰を深めた。

その後、また男の子が生まれたので、阿古太丸と名づけた。しかし、母の北の方は病にかかりなくなってしまった。

重頼は後妻を迎えたが、継母は二人につらくあたるので、阿古太丸は奥州の父方の叔父中納言氏家を頼って旅に出て、木曽路のここまで来たとき旅の疲れのために病にかかり、この土地の村人の看病もかなわず、十五歳の若さで亡くなってしまった。

阿古太丸は、「この山に捨つる命はおしからで、あかではなれし父ぞ恋しき」と、辞世の歌を残したという。

その後、夢枕に立った阿古太丸によってこのことを知った父重頼は、利生御前と共にこの地を訪れた。姉の利生御前は「先たつも後るも同じ草の露、何れの秋ぞあわで果つべき」と歌一首を残して弟の墓前で自害して果てたという。

重頼は、悲しみのうちに姫をねんごろに弔い、初七日の後に二人の墓前で自害した。風の便りにこのことを聞いた継母は、自分の所業の浅ましさを悔い、京からはるばるここまでやってきて、これまた墓前で自害したという。

この伝説が、御嶽縁起として残されている。

かつての遙拝所跡から御嶽を望む（越立峠）

木曽福島町へ

板敷野から鉄道線路と並行して、神戸の集落が右に見えるあたりで、左手の王滝川が木曽川と合流する谷間に御嶽山が見える。少し先に左御嶽山・王滝・三岳の交差点標識が建つ元橋の信号機がある。道は少しカーブして上り坂になる。

木曽義仲の養父・中原兼遠菩提寺「林昌寺」

坂の途中に、「左木曽福島市街」の標識がある。国道は直進して街を見下ろす高所を通り、上り切って少し下ると万郡交差点の信号機がある。国道から左折して坂を下ると、木曽町役場があり、JR木曽福島駅前に出る。

国道は少し上り坂になり、左側に木曽青峰高等学校の校舎が見える。道は左カーブの下り坂になり、伊谷の交差点の信号機があってすぐ福島トンネルに入る。トンネルを抜けると、福島市街から出てくる道と合流する関町交差点信号機がある。その先の左手木曽川の対岸に、福島中学校の校舎、黒川渡ダムの堰堤が見え、開田高原・高山方面に行く国道三六一号の木曽大橋交差点信号機がある。少し先の左に、木曽警察署がある。次の矢崎の交差点信号機から国道は上り坂になり、登坂車線がある。

坂を上りきって少し下ると栗本の交差点信号機があり、大きなテントの町営相撲場がある。正沢川にかかる橋を渡ると、木曽町日義地区で、標高八四三メートル。少し上り坂になって原野の交差点信号機がある。右折すると、木曽駒高原に至る。

旧中山道は国道と並行して左側の集落の中を通っている。交差点の少し先に「日義木曽駒高原道の駅」がある。およそ七〇〇メートル先の右側山際に、木曽義仲《よしなか》（駒王丸）をかくまって養育した中原兼遠《なかはらかねとお》菩提寺の林昌寺がある。そのおよそ二キロメートル先の信号機を左折するとJR鉄道の踏み切りを越えて宮ノ越宿の町並みに出る。

国道をさらにおよそ一・五キロメートルほど先に行くと、左手下に木曽義仲が旗挙げをしたと伝えられる旗挙げ八幡宮があり、木曽川をへだてた山際に義仲の菩提寺徳音寺が見える。国道は下り坂になって、権兵

木曽川にせり出す「崖屋造り」の家

衛トンネルを越えて伊那へ通ずる交差点の信号機がある。山吹山のトンネルを抜けると、木祖村へ入る。

崖屋造りの家

国道十九号から分かれて下り坂をおりたところに木曽川の方へ下る狭い道がある。この下の御墓島とよばれているところに木曽義元の墓がある。

義元は、中世に小丸山城を福島に築いた木曽の領主、木曽親豊《ちかとよ》より五代目の孫にあたり、永正元年（一五〇四）に飛騨の軍勢が白巣峠を越えて王滝へ進入してきたとき、これを迎え撃って傷を負い、退く途中なくなってここへ葬られた。松の大樹の下に、「朝日将軍苗裔木曽弾正正弼伊豫守義元公墓」と刻まれた石碑が建っている。

坂を下ると、木曽川の対岸に県立木曽病院が見え、病院入り口の交差点に出る。

ここで左折して木曽川を渡り、坂道を上って行くと、児野《ちごの》の集落で御嶽街道に出る。直進すると、左に県の木曽合同庁舎があり、その先に木曽福島駅から下りて来た道と合流する信号機の交差点がある。左折すると木曽川にかかる広肸橋《こうはんばし》へ出る。

次の中島の交差点の信号機を直進すると、行人橋の信号機がある。右の断崖の上に西方寺がある。左折して橋を渡ると、対岸から「崖屋《がけや》造り」の家が岩盤から木曽川に張り出している。谷間の狭い地形ならではの珍しい眺めで、しばしば観光客の目をひいている。

裏から見ると、三階にも四階にもなっているが、直進すると正面の入り口が並び、平屋か二階建に見える。

交差点から少し先に、行人橋歩道橋が木曽川にかかっていて、橋の脇に足湯が設けられている。交差点からここまでの間の家並みは明治四〇年頃開かれたもので、江戸時代には岩盤が木曽川まで張り出していたので、中山道は右手の高台を通っていた。道が右にカーブしたところで高台から下って来た旧中山道が合流する。

次の広小路信号機の右の奥が木曽町役場、木曽福島支所の庁舎で、左折すると、大手橋を渡って福島小学校正門、代官屋敷がある。大手橋の左下に見える洋風の木造の建物は、昭和十二年に建てられた木曽教育会館である。

大手橋は同じ頃建設された世界初のアーチ型の鉄筋コンクリート造りローゼ桁橋で、近代土木遺産になっている。

次の信号機のある上町交差点は左折すると木曽川にかかる中央橋で、明治になって開かれた開田高原方面へ至る道である。右側の町並みが切れたところに小さ

上の段から木曽福島の町を一望

かつての御嶽への登り口で
あった行人橋（木曽福島）

なお堂があり、幅一メートルほどの坂道を上って行くと、関所の門がある。

　車道は明治になって山手の斜面を切り取って開かれたもので、上の柵に囲まれた平地が江戸時代の福島関所跡で国の史跡に指定されている。道路をまたぐように、大きな冠木門風の門が建ち、平坦な関町の町並みを行くと、下り坂になって福島トンネルを出て来た国道十九号と合流する。

歴史の町並み・上の段

　木曽病院入り口の交差点まで山手を下って来た旧中山道は、その先で山側の水路に沿って入って行く。

　塩渕の家並があり、右手の山側の畑の上に新田記念碑、塩渕の開発記念碑、堤防記念碑があり、開発の由来が書かれている。また線彫りの地蔵菩薩の石仏も並んで立っている。家並の中に、今はなくなった一里塚の跡を示す石碑がある。井戸のところから中山道は、山手の斜面に設けられたフェンスの中の人ひとりが通れるほどの坂道を上り、木曽町役場の入り口に出て、御嶽教木曽大教殿の脇を通ってJRの木曽福島駅前に出る。

　木曽町の観光地、史跡名勝地、観光施設、などを巡ってみるためには、駅前の観光案内所に無料の地図や必要な案内のパンフレットが用意されているので、それを求めて歩いてみるのがよい。駅前には、食堂、土産物店、旅館などが並んでいる。駅構内の有料駐車場、レンタカーなどもある。

　さて、旧中山道は駅前の坂を下ると少し曲がって八《や》沢《さわ》の家並がつづく。

　八沢は、小丸山城の城下町として発展したもので、江戸時代から昭和の初めの頃まで春慶塗の漆器や曲げ物の生産地として栄えた。今はすっかりすたれてしまったが、漆器店が二軒営業している。家並の中ほどから左へ入る道があるが、この道は明治時代になって開かれたもので、八沢川にかかる橋を渡ると、行人橋の交差点に出る。

　八沢の家並みをまっすぐ行くと前方に八沢川にかかる鉄道線路の鉄橋が見え、その手前から左に折れて橋を渡る。

　ここからが上の段の町並みで、旧中山道の面影を残す修景整備がされている。右手に古い井戸が再現されている。鍵の手に曲がった桝形の坂を上ると、町屋を利用した食堂もあり、中世の頃造られた水場がある。傍らの小路の奥に臨斉宗妙心寺派の大通寺の山門が見える。この鐘楼門は、安永七年（一七七八）に建て替えられたもので、町の文化財になっている。戦国時代には上の段城の三の丸の郭内で、大通寺の付近に木曽

上ノ段の水場に咲くワスレナグサ

上ノ段・歴史の町並み

の領主の館があったという。

上の段城は、小丸山城築城のおよそ一〇〇年後の永正六年（一五〇九）、木曽義在《よしあり》が館を移したもので、義在、義康、義昌《よしまさ》三代の居城であった。

義康が武田信玄と戦って敗れ、武田方の傘下に入ったとき、信玄の娘真理姫《まりひめ》（万里姫とも）が義昌の奥方として輿入れして武田信玄の親族となった。武田氏が滅びた後大通寺の境内に真理姫の供養塔が建てられている。

大通寺にある武田信玄の三女「真理姫供養塔」。
武田氏没落後も木曽に隠棲した真理姫は、98歳の長寿をまっとうしたという。

町並みの途中に右手に入る広い道があるが、昭和になって一軒の家を取り壊して開かれたもので、山平地区に通じている。江戸時代には上の段上味《うわみ》といい、上の段と同様に城の三の郭内であった。旧中山道はまた鍵の手に曲がり、坂を下りる。坂の中ほどに高札場がある。高札の掲示は三分の一に復元されたものである。

ここからが本来の中山道福島宿で、坂を下りきったところから道は曲がって横宿である。少し家並みが続いて行人橋交差点から来た道に出る。

この道は明治になって広く開けられたもので、横宿から出て来たところに、江戸時代に宿場で荷物を運ぶ馬や人足を手配する問屋場があった。道を横切って狭い道を木曽川の方へ出ると、左に曲がる古い道が残っていて、旧中山道から分かれて行人橋歩道橋に出る御嶽街道であった。

福島関所内

島崎藤村ゆかりの史跡

横宿から出たところで右に曲がると、広小路交差点の信号機に出る。右の奥に江戸時代、福島宿本陣があった。明治以降町役場となり、現在は木曽福島支所の庁舎になっている。

左に八十二銀行がある。江戸時代の絵図によると、この角に番所があって、代官所へ入る木戸が設けられていた。木曽川にかかる大手橋は江戸時代には御屋敷前橋と呼ばれていたという。直進して少し上り坂になるところまでが福島宿で、右手の狭い道を上ると、関所がある。道下に奇応丸の石標が立っている。

石段の上に高瀬家がある。

高瀬家は、江戸時代に代官山村家に仕え、砲術指南役や、関所番人を勤めた家柄で、島崎藤村の姉が嫁いだ家でもある。藤村は、この家で詩集「落梅集」を書いている。小説「家」のモデルにもなっていて、作品の中にはしばしば登場する。幕末から昭和にかけて奇応丸を製造販売していた。

福島関所跡は、高台にあって、木曽川を挟んで対岸の町が一望できる。

前方左の山は中世の時代に木曽義康が詰めの城として築いたもので、本郭、二の郭、三の郭や、空堀の跡が残っている。上の段城に対して向かいの城であるので向城《むかいじょう》とよばれていた。現在は、福島城といっている。

城跡へは遊歩道が整備されていて、城跡より西方にある権現滝へ行くことができる。また、行人橋からも権現滝まで遊歩道が設けられている。ヒノキ、サワラ、杉、天然のカラマツ、モミ、ブナなどの大木が生えている。

福島関所

江戸と京都を結ぶ中山道のほぼ中間にあり、東海道の箱根（神奈川県）、新居（静岡県）、中山道の碓氷《うすい》（群馬県）の関所とともに、四大関所といわれて、江戸の幕府防衛のために「入り鉄砲、出女」を厳しく取り締まった。

入り鉄砲というのは、江戸へ持ち込む鉄砲で、関所通行には上り下りとも江戸幕府の老中の証文が必要だあった。鉄砲の通行を取り締まるため、長持ちなども改めた。

また、参勤交代などで、江戸屋敷に居住した諸国の大名が、国元へ帰った後、人質として江戸屋敷に留められた大名の奥方などが、ひそかに抜け出さないように監視した。

関所の通行には、身分証明所である関所通行手形が

木曽福島のシンボル「福島関所」

必要であったが、女人の通行には、江戸から出る女は幕府御留守居役の、西国、京都方面から江戸へ向かう女は京都所司代や、その他出発地によって幕府から決められた大名による通行手形を別に必要とした。

関所は、一方は山、一方は木曽川の断崖に臨む高台に設けられ、柵が回らされ東西の門によって閉ざされていた。対岸の高所にあった願行寺の鐘の合図によって明け六つに開けられ、暮れ六つに閉じられて、一般の旅人の夜の通行はできなかった。

関所の跡は、明治時代になって山側に鉄道線路が敷かれ、木曽川の断崖は削り取られて車道ができ、狭くなっているが、東西の門と柵が復元されている。

関所番所の建物は、敷地に隣接して復元されて、関所資料館として公開されている。昭和五十四年三月に国の史跡として指定された。

山村氏と代官屋敷

木曽代官山村氏は、戦国大名木曽の領主、木曽氏の家臣で、木曽義昌とともに豊臣秀吉によって下総網戸《あじと》（現在の千葉県旭市）に移されていた。義昌の没後、木曽氏は徳川家康によって改易させられ、山村氏は浪人となっていた。

慶長五年（一六〇〇）、関が原の合戦で、家康の命により秀忠の先鋒として、豊臣領となっていた木曽を取り戻した功績によって、幕府領となった木曽の代官を命ぜられた。元和元年（一六一五）、木曽は尾張領となったが、幕府の関所を預かる旗本としての身分は据え置かれ、江戸城柳の間詰めを許され、江戸に屋敷を拝領し、また、尾張藩の木曽代官として名古屋にも屋敷を拝領していた。以来、明治維新まで十三代にわたって代官を務めた。

代官屋敷は、木曽義昌の館の跡を踏襲したもので、上屋敷は福島小学校の敷地となっている。延享二年（一七四五）、尾張藩主徳川宗勝《むねかつ》が、江戸から尾張へ帰る途中代官屋敷に泊まったとき、従って来た学者横井也有《やゆう》の日記の一節と、「俎板《まないた》のなる日は聞かず閑古鳥」の句が、わずかに残る東門跡の石垣に刻まれている。

現在残っている建物は下屋敷の一部、第十二代山村良祺《たかのり》の書斎で、雅号によって城陽亭と呼ばれている。築山泉水式の庭は、寛政十二年（一八〇〇）に造られていて、庭の片隅に天明二年（一七八二）に建てられた家臣の学者、石作《いしづくり》駒石《くせき》の書斎翠山楼が移築されている。

このほかの見どころとして、

「龍源山長福寺」　臨斎宗妙心寺派に属す。山村家初代良候、山村家代々の菩提寺で、武田信玄の廟所がある。

「万松山興禅寺」　臨斎宗妙心寺派に属す。木曽氏代々、山村家代々の菩提寺で、木曽義仲の墓がある。室町時代の様式を伝える表山門（勅使門）が国の重要建造物に指定されていたが、惜しくも昭和二年の大火に遭い焼失した。現在の門は古図によって再建されたものである。境内には枝垂れ桜の古木や山頭火の句碑、木曽踊り発祥の地の石碑がある。また細川幽斎のゆかりの寺で、細川護熙氏の揮毫による石碑もある。

禅宗庭園万松庭と、現代の造園作家、重盛三玲氏によって昭和三四年に造られた雲海の美をテーマにした枯山水の看雲庭がある。宝物殿には、寺宝が展示公開されている。

木曽義仲ゆかりの天神

旧中山道は、関所を通って関町の家並みを抜けて国道へ出る。江戸時代にはこの間人家はなく、ヒノキやサワラの並木林であったという。

道はいったん木曽川べりへ下り木曽警察署の前で国道に出る。右手の鉄道線路の鉄橋の下から沢が流れている。土手の上の松の木の下に経塚がある。

初代木曽代官山村良候《たかとき》が、家臣の川崎又右衛門（祖要坊）を伴って巡礼の旅に出て、各地の霊場に納経してここに塚を築いた。この石碑は、曽祖父良候の百回

中原兼遠が義仲の学問所として京都・木の天神から勧請したとされる「手習天神」

忌にあたり、元禄十四年（一七〇一）に第五代の代官山村良忠《たかただ》が建てたもので、その由来が刻まれている。撰文は良忠の長男にあたる良林（第六代代官良景《たかかげ》）で、山村家の丸に一文字の家紋がついている。石碑と大日如来の座像が並んでいる。

旧道はここから家並みの山際を通って矢崎橋の信号機から少し先で国道を横切っていた。ここまでの道は今はない。国道左の一段下の出尻集落の家の前を通り、右手に石仏に並んでいる坂道を上ってまた国道に出ている。江戸時代に一里塚があったが、鉄道線路ができ消滅して今はない。旧中山道は、上田口の信号機交差点から左へ下りて、上田の集落の家並の中を通っている。

上田小学校の前の鉄道線路の跨線橋の上から、水路の上の段丘に広い田地が見える。中原兼遠の屋敷跡である。木曽川を越えた山手に、荒神社がある。仁安《にんあん》元年（一一六六）の創立という。神社の前の道を谷に沿って入ると、熊沢川に沿って熊沢の集落が点在している。

上田の家並みが尽きて曲がったところに赤い鳥居があり、石段を登ったイチイの木の中に「手習い天神」の社《やしろ》がある。木曽義仲をかくまって養育した中原兼遠が勧請したものと伝えられている。石段の下に十王堂、石碑がある。小さな沢にかかる橋を渡ると栗本の集落で、旧中山道の面影をよく残している。

家並みの途中から左の道に入ると、鉄道線路を越えたところに一軒の家があり、平地の田畑に出る。この平地が中原兼遠の屋敷跡で、義仲（駒王丸）が元服するまで育ったところと伝承されている。田の中の篠竹の中に「木曽中三権守殿塚」と彫った石碑が立っている。奥の方に一本の松の大樹があり、義仲の元服の松という。

木曽駒ヶ岳をふりあおぐ

旧中山道は、家並みが尽きたところからまっすぐに坂道を下る。木曽川に合流する正沢川にかかる人一人が通れるほどの橋を渡り、対岸の川べりの斜面を上って行くと、昔、立場茶屋であった泉屋の店の横に出る。店裏のイチイの木の下に第九代の代官山村良由《たかよし》（蘇門）に仕えた学者、石作駒石の墓がある。

石塔の三面に、米沢藩主上杉鷹山《うえすぎようざん》の師であった尾張の学者、細井平洲《へいしゅう》（紀徳民《きのりたみ》）の撰文が刻まれている。

そのすぐ先の道辻に小さな祠がある。右へ行く道は木曽駒高原大原へ至る道である。旧道は直進し、国道と並行して家並の中を行く。しばらく行くと、道辻に出る。小さな自然石の水神が立っている。ここが江戸と京都を結ぶ中山道の東西中間の地で、案内板が建っ

みどりの水を湛える「巴が渕」。義仲の愛妾巴御前の名にちなむ。

ている。江戸、京都へそれぞれ六十七里二十八丁である。

右手に木曽山脈の駒ヶ岳の連峰が見える。雪を頂いた駒ヶ岳の夕照は木曽八景の名勝である。近くの国道道の駅にも石碑が建っている。

左手の山の中腹には、大きな岩が見える。松が一本立っていて岩の下に鳥居が見える。この岩は明星岩といい、文化年間に発行された秋里《あきさと》籬島《りとう》の『木曽路名所図会』に、「明星岩・木曽川の西、岸上にあり。山頭屹立して数丈、遠近より見るに鮮やかなり」とある。往時、中山道を通った旅人もしばし足をとどめて眺めたことだろう。

元原を過ぎると、無佐沢の橋の手前右側に石仏が並んでいる。中山道からそれて沢に沿って上って行くと木曽駒高原に出る。橋を渡ったところに柵で囲まれたなかに庚申塔や石仏が並んで立っている。左手の道に入ると、中央西線原野駅がある。線路を越えたところに原野八幡宮がある。ここからしばらく原野の家並みが続く。昔の中山道の面影が色濃く残っている。

原野の町並を過ぎて踏み切りを渡ると、しばらく人家のないところを行き、宮ノ越宿に入る。この間の鉄道線路と国道の間に、旧日義村役場の跡がある。中央線東西接点の石碑や、用水開発の石碑などがある。踏み切りの下で、国道から下りてきた道と合流し、宮ノ

徳音寺境内には巴御前の騎馬像が

越の宿場に入る。旧道には家の前に用水路が設けられていて、並木が立ち並び木曽には珍しく景観の整った宿場であった。

義仲の菩提寺・徳音寺

家並みの中ほど右に本陣跡が残っている。明治十三年、明治天皇が本陣で休息されたとき、お茶を差し上げた明治天皇御膳水の碑がある。家並みが切れて左に木曽川が現れる。

徳音寺橋を渡ると、義仲館がある。門内に入ると木曽義仲と巴御前の銅像があり、館内には義仲の一生を描いた絵や、人形により歴史の一場面を再現、義仲ゆかりの地の写真パネル、関係文書などが展示されている。義仲館の後ろに見える山が山吹山で、駐車場から見ると、はげたところが見える。毎年お盆の八月十四日に、義仲の追善供養としてこの山に登り、たいまつを木の字にともし、たいまつを掲げて下りてくる「らっぽしょ」の行事が行われる。

義仲館の先に義仲の菩提寺・徳音寺がある。楼門は、享保八年（一七二三）に犬山城主成瀬隼人正正幸の母堂の寄進によるもので、町の文化財に指定されている。境内には馬に乗った巴御前の銅像や、義仲の木造を安置する御堂がある。奥の石段をあがった高いところに木曽義仲の墓がある。

春爛漫の徳音寺

木曽義仲旗揚八幡宮のケヤキ。樹齢千年とも伝えられる

Ⅱ 御嶽街道をゆく

信仰の霊山木曽の御嶽

「木曽のおんたけ夏でも寒い、袷やりたや足袋そえて」と木曽節に唄われる木曽の御嶽は、日本アルプス（飛騨山脈）の南端に聳える独立峰で、信仰の霊山として知られている。

麓《ふもと》に広がる広大な森林は、木曽桧《ヒノキ》に代表される良材の産地でもある。室町時代の頃から、百日の精進潔斎を修めた修験者が、この深い森林地帯を通って御嶽頂上を目指した。江戸時代中期になっても、なお七十五日の精進潔斎を終えた者でなければ御嶽へ登ることは許されなかった。

天明二年（一七八二）、尾張の国春日井郡田楽村の覚明行者が黒沢村の神官武居家を訪れて、軽精進で一般の信者も登れるように求めたが、長い間の慣習を破ることは神域を汚すことであるとして聞き届けられず、代官所でも許可しなかった。

覚明行者は、天明五年に再び信者を引き連れて強行登山をする一方、住民に説いて登山道の改修を進めた。覚明行者は翌年の夏、御嶽二の池のほとりで病み、遂に入定して生涯を終えたが、信者達がその遺業を受け継いだ。こうして登山道の改修に協力する住民も増え、登山道が整備されたことから、多くの信者が登拝を希望して来るようになった。

そのため、村も潤うようになったことから、近在の村の庄屋が連署して代官所へ登山の許可を求めた。神官武居家でも、御嶽神社に参詣してお祓《はら》いを受けることによって、軽精進で登山するこができるとのお託宣が下ったとしてこれを認めることになった。

寛政四年（一七九二）、代官所からも許可が下りて軽精進での登山ができるようになった。

このころ、江戸の修験者普寛行者が王滝からの登山道を開いて、関東の信者を集めて登り、しだいに関東の信者が講を結成して王滝口から登拝するようになった。

明治四四年（一九一一）、鉄道中央線全線が開通すると、御嶽信仰講社の一行が木曽御嶽を目指して訪れるようになり、木曽福島駅前は、早朝より列車から降りた白装束の信者の団体でいっぱいになった。

行人橋から御影堂《おえど》までの登山道（旧御嶽登山道）

御嶽登山道は木曽福島の行人橋《ぎょうにんばし》から始まる。江戸時代、中山道の福島宿から街道と分かれて最初に木曽川を渡る橋が行人橋であった。現在は少し下流に車が通行できるコンクリートの橋がかけられている。

近頃、昔、行人橋のあった場所に新しく行人橋歩道

木曽福島に架かる行人橋。かつては、ここが旧御嶽登山口だった

橋がかけられ、花崗岩の道標が元の位地に建てられている。石柱の正面には「御嶽登山道」、右側に「御嶽登山道・千秋講」、左側に「右福島町街・左御嶽街道」、裏面に「安政二（一八五五）乙丑六月」と刻まれている。

歩道橋の欄干柱には、信仰の山の出発点にふさわしい錫杖をかたどった飾りがつけられている。以前はここから一丁目ごとに道程の石柱が建てられていた。現在はほとんどなくなったが、六丁目の標柱の一部が発見されている。

行人橋からが御嶽の聖域で、ここから木曽川の上流、関所下の橋から黒川が木曽川に合流する黒川渡までの間に、木曽川の流れが緩やかになった法印渕、入道渕と名づけられた渕があって、かつて修験者が水行をして体を清めたところといわれている。

行人橋交差点から車は一方通行で、こちらからは入れない。木曽川に沿って道の両側に並んでいる中畑《なかばた》の町並みを行くと、木曽川にかかる中島橋の道辻に出る。

山側に参道があって津島神社の鳥居が見える。神社の境内に芭蕉の「かけはしや命をからむ蔦かづら」の句碑がある。この句碑は、もと木曽八景の名勝の一つ木曽の桟《かけはし》に建っていたもので、水害によって流され、復元された後に発見されたのでここに移された。

この先が西光寺《さいこうじ》で、昔同名の寺があったというが、

木曽福島駅脇にある御嶽教の木曽大教殿

江戸時代にはすでに廃寺となっていた。小さな五輪塔が一基ある。しばらく行くと、木曽川にかかる広胖橋《こうはんばし》の道辻に出る。ここから先は少し上り坂になって右側は山手になる。ここは山側が石のゴロゴロしたところで、ゴウヤという地名で呼ばれていた。

山側には地元伊谷の太元講社の霊神碑が立ち並んでいたが、道路の改修によって伊谷地区の水無神社の近くへ移転して、山手の斜面は防災工事が施され、すっかり昔の面影はなくなっている。

左側に家が並び、やがて児野沢《ちごのさわ》の橋を渡る。沢の上流に少し広い場所があって、京都大学の木曽生物学研究所がある。

ここには、江戸時代に御嶽祈願所の護摩堂があった。児野沢が木曽川に流れ落ちるところに長野県立木曽病院の入り口がある。少し先へいって道が右に曲がったところに木造の鳥居と「御嶽神社」と彫った大きな石柱がある。

ここは、御影堂《おえど》という地名で呼ばれ、御嶽登山道の黒沢口と王滝口の追分（分岐点）となっている。右側の山道が黒沢登山道で、まっすぐ行くと、王滝登山道である。

御影堂

明治七年の村略地図には、分かれ道に名づけられる地名の「追戸」と記載されていたといい、地図には家も書かれているが、江戸時代の記録には集落としての名称は出ていないという。

ここに、御嶽講の先達、金剛院順明の銅像を安置する祠《ほこら》がある。このことから後に「御影堂」と呼ぶようになったといわれる。金剛院順明は、武州秩父郡薄村の人といい、普寛行者の弟子で、王滝登山道の改修や、御嶽講の普及発展に努めたという。

御影堂は黒沢口登山道と王滝口登山道との分岐点であるので、黒沢、王滝両村が利権をめぐってしばしば対立した。ここの鳥居は、文久二年（一八六二）に松尾講によって建てられていたが、朽廃したので、明治二年七月に武州の木村勝右衛門ほか五名の心願によって大きな鳥居が再建された。

この鳥居をめぐって黒沢村と王滝村の対立が再燃したので、上松村の神主徳原氏の仲裁によって和解して、新たに石柱が立ててられた。これが現存する「御嶽山・右黒澤・左王瀧・道」「明治四年未九月吉日」と刻まれた道標である。

また、大正十二年五月に、東寛講・松尾講で建てた鳥居再建記念碑や、道標の石柱に「右黒澤・左三尾王瀧・十丁」「是より御嶽山江八里半」と彫った武州川越亀屋嘉吉の寄進のものもある。

旧黒沢登山道をゆく

ここから右に折れて黒沢登山道をゆく。薬師堂がある。なだらかな上りの山道に入り、八久保峠にかかる。峠付近には御嶽が遠い昔噴火したときの軽石が見られた。頂上付近から左にそれて尾根道を行くと、川合権現がある。ここは尾根が張り出した清見山《きよみやま》で、木曽福島の町が一望に見える。

川合権現は、地元の信者で結成された太元講社が御嶽遥拝所として設けたもので、御嶽神社が祭られている。弘化元年（一八四四）に頂上に祀《まつ》った銅像が破損したので、安政四年（一八五七）に石像と取り替えたとき、下ろしてきた銅像が祭られているという。

霊神碑がいくつかあるが、普寛行者の碑には、「なきがらはいずくの里に埋むとも、心御嶽に有明けの月」と辞世の歌が刻まれている。

八久保峠を下ると、下中沢《しもなかざわ》の集落に出る。旧道の歩行道は改修されて御影堂から車で入ることができる。

車道を中沢川に沿って上って行くと、中沢憩の里公園、温水プールがある。クリーンセンターから少し先に以前に大きな栃の木があり、茶屋があった。それで、栃の木という地名で呼ばれていたが、木が切り倒されて石碑だけが名残をとどめている。この車道は上流の上中沢、菅沼《すがぬま》の集落で行き止まりになる。上中沢の少し手前から左の沢に沿って旧登山道の歩行道を上って行くと、合戸峠《あいどとうげ》に至る。

黒澤御嶽遙拝所の一合目標柱

合戸峠御嶽遥拝所

頂上は、行人橋を出発して初めて正面に御嶽の全容が見えるところで、正面見の御嶽遥拝所といわれている。

以前は大きな鳥居が建っていたが現在は朽ちてしまって台石だけが残っているが、霊神碑や道標などが並んで立っている。昭和二七年に明栄講社で建てた「合戸峠遥拝所」と彫った石柱がある。大正十年八月に清水萬栄講で建てた道標に、「合戸峠始点」「合戸峠より御嶽山頂上迄十丁毎建立・是より絶頂迄五里」とある。

峠を越えると沢に沿って下り坂となる。三岳の黒沢に出る近道である。

昔は中畑から御影堂を通ってこの黒沢口登山道を白装束をまとい、桧笠をかぶったたった御嶽講信者の団体一行が金剛杖をついて、腰に付けた鈴を鳴らしながら幾組みも通ったという。

黒沢へ出ると、現在は廃業しているが、かつて御嶽講社の指定旅館であった千丈舘の原家がある。壁に指定旅館の講社の名を書いた板札が掲げられて往時の面

大泉寺境内

影を残している。

三岳・黒沢

江戸時代には、黒沢村といい、明治七年に隣村の三尾村《みおむら》と合併して三岳村《みたけむら》となり、平成十七年十一月一日、木曽町となった。

合戸峠から黒沢へ下りたところに臨済宗妙心寺派の大泉寺《だいせんじ》がある。本尊は聖観世音菩薩で、高遠石工の石仏、乙若《おとわか》地蔵（延命地蔵）や円空作の木造一刀彫りの韋駄天像がある。

この寺は、御嶽山の中興開山として崇敬されている覚明行者の菩提寺である。この寺には木曽では珍しい石幢《せきどう》がある。大泉寺の下には黒沢の中心街の町並みがある。

町並みのはずれに大きな石の鳥居がある。御嶽山一合目の一の鳥居で、正面に御嶽山が見える。鳥居のかたわらに高さ二メートルに及ぶ御嶽山一合目と彫った石柱が立っている。鳥居の奥に立つ覚明霊神と彫った大きな石碑が一段と目を引く。

坂を下り、右側の坂道を上って行くと、若宮がある。桧の森に囲まれた広い境内の中に拝殿、神楽殿、神明造りの本殿等がある。車で行くと、境内の裏に出る。正面は反対側から歩行道で上ってくる。拝殿にはたく

大泉寺の円空仏

高遠の石工・守屋貞治作とされる
「乙若（延命）地蔵」

さんの絵馬が掲げられている。境内の隣に縄文時代の住居を復元した若宮遺跡がある。

　本洞川の橋を渡って川に沿って右に行くと野口の集落で、戦国時代の木曽の領主、木曽義昌に嫁いだ武田信玄の娘真里姫の墓がある。

御嶽神社里宮・若宮

　黒沢の御嶽神社には本社の里宮と若宮がある。里宮は、御嶽山頂の奥社に対して里にあるので通常里宮といっている。西野川に架かる本社橋を渡って、百八段の石段を登った上に社殿がある。

　祭神は少彦名命《すくなひこなのみこと》で、創建年代ははっきりしないが、天文二三年（一五五四）に木曽義康・義在によって再興されたもので、棟札と鰐口が残されている。現在の社殿は明治六年（一八七三）に関東巴講によって造営されたものである。

　若宮の祭神は大己貴命《おおなむちのみこと》で、本社と同様に創建年代ははっきりしないが、木曽の古記録に、安気大菩薩として木曽氏の崇敬を受けたと伝承されている。至徳二年（一三八五）再建の棟札と鰐口が現存するという。

　中世には、両社を御嶽蔵王権現三十八社のひとつとしてかぞえていたものである。

黒沢から御嶽登山道を行く

　里宮から少し行くと、開田高原方面への分岐点に出る。御嶽登山道は上り坂になって羽入の集落がある。御嶽山の二合目である。

　正面に御嶽山が大きく見え、右手には開田高原の谷間をへだてて乗鞍岳が見える。振り返れば、中央アルプスの木曽駒ヶ岳の山並みが遠く望まれる。やがて三合目の屋敷野に着く。

　登山道に旅館や休泊所がある。左手の奥には天昇殿がある。

　このあたりから鳥居が建ち、たくさんの霊神碑が立ち並んだ御嶽講の祈願所が登山道に沿って現れる。

　新緑の頃から夏にかけて周辺の山の緑が美しく、白装束の信者の一行の姿も見られる。秋はまた錦を飾った山の色とりどりの紅葉が美しい。

霊神碑と天昇殿

　御嶽山登山道には、「〇〇霊神」と刻まれた二万基を超えるほどの霊神碑が各所に林立している。

　これは御嶽信仰独特なもので、信者の霊魂は死後、御嶽の懐に抱かれて眠るといわれている。修行を積ん

御嶽を望む

霊神碑と秋の御嶽

だ信者の先達となった人々の霊魂の依代として立てるのである。中には五・六メートルに達するものもある。

王滝登山道を開いた普寛行者の辞世の句「なきがらはいずくの里に埋むとも、心御嶽に有明けの月」は、その心境を表している。信者の人々が御嶽に心を引かれるのは、講を組んで修業の登山をした父母や祖父母、さらにさかのぼって遠い先祖の霊を追慕する拠り所となっているからである。

天昇殿は納骨堂で、霊神碑と同じような依代として信者の霊を祭るところである。

白川にかかる赤岩巣橋を渡って新道をそれて旧道に入ると黒沢麓の太元講の霊神場がある。安政六年（一八五九）に建てられた「御嶽山勢至覚明大菩薩」の石碑がある。

福島宿の児野嘉左衛門が覚明講を再興したときに、上野東栄叡山日光門主より覚明行者に菩薩号を授かった事によって建立されたもので、霊神でなく、菩薩となっているのは信仰の古い形である。

太元講の霊神場のすぐ上に新道が上ってくる。両側に霊神場の並ぶ道をのぼっていくと、日の出滝、大祓《おおはらい》の滝がある。

これらは講の信者の人が水行を行うために人工でつくられた滝である。日の出滝は美濃の日の出講でつくり、大祓の滝は東京日本橋魚河岸の浦兼吉が明治四五年から大正十四年まで十五年間の歳月と莫大な費用をかけてつくられたものという。

この近くに若宮を再興した巴講の講祖亀翁霊神碑がある。弘化三年（一八四六）に建てられたもので、霊神碑としては最も古いものという。この石碑が建てられた頃には、まだこんなに霊神碑が林立していなかったことが想像される。

旧道はまっすぐに上り、急な坂にかかるが、新道は大きく迂回して四合目の松尾滝に着く。この滝も人工の滝で、信州上田松尾講の開作行者によって開かれたもので、滝竣工の歌碑がある。

旧登山道は迂回する新道を貫くようにまっすぐ坂道を登って行くが、新道は曲がり曲がり林間をのぼっていく。このあたりから左へ入ると、油木尾根を通る遊歩道がある。

油木美林遊歩道・百間滝登山道

油木美林は国有林の中にあって、御嶽登山道の標高一三五〇～一六五〇メートルにおよぶ天然林で、ヒノキ、サワラ、アスナロなど樹齢三〇〇年を超える大木が今なお太古の姿を伝えている。

江戸時代、尾張藩は厳しい森林統制をしいて、木曽の五木（ヒノキ、サワラ、アスナロ、ネズコ、コウヤ

ずらりと並ぶ御嶽講の霊神碑

こもれびの滝

不易の滝近くの渓谷

マキ）の伐採を禁じて三〇〇年間にわたって保護してきたことによる。林間にこもれびの滝、不易の滝がある。

不易の滝は、落差およそ一五メートル、幅およそ八メートルでひのきの大木に囲まれた秘境に、岩盤から地下の水が幾筋もしみ出して、しぶきをあげて流れ落ちるさまは荘厳な感動を覚える。太古の昔から変わらぬ姿をとどめていることから、不易の滝と名づけられたという。

この付近は中古生層を基盤とする山麓台地に御嶽山の溶岩流が噴出した先端部にあたり、長い間に砂岩が侵食されて深い谷間を形成している。谷間を流れ下る白川は断崖の各所に滝を作っている。

百間滝遊歩道に入って谷間を下れば、白川の上流に高さおよそ一八十数メートル、幅およそ五メートルの百間滝を中にして雄蝶滝、雌蝶滝があり、支流の谷間の奥には大正滝もある。遊歩道は七合目まで続いている。

六合目中の湯へ

新道を上って行くと、御嶽山が見えるところに石の鳥居が立つ霊場がある。さらに上って行くと、広場に出る。標高およそ一五〇〇メートル、眺望が開ける。

一面の唐松林が美しい。春の芽吹きの頃には黄緑の新芽がきれいで、秋の紅葉の季節は唐松林が一面黄色に彩り、見事な景色である。神王原バスの停留場がある。

広場は、山小屋へ荷物をあげるためのヘリポートになるという。ここから山頂までの案内板が立っている。右に分かれ道がある。倉越高原パノラマラインで、高原の上部を通って開田高原に至る車道に下りる。

倉越高原

御嶽山麓の標高一四八三メートルの平坦な原野で、昔は木曽馬の放牧地であった。広さは五五〇ヘクタール、標高が高いので、御嶽や中央アルプスの木曽駒ヶ岳や周辺の山並みを一望することができる。現在は牛の放牧が行われている。戦後唐松が植えられ、唐松林が美しい。

神王原に木曽町・木曽地方事務所が立てた「列状間伐のすすめ」という看板によると、平成一七年に周辺のカラマツ林二七・五六ヘクタールの間伐をしたという。その方法は、基本的に二列を残し、一列を伐採する列状間伐で、選木の手間が省けること、伐り倒しが容易なこと、搬出がしやすいこと、コストも削減されるなどという利点があり、通常の点状間伐と効果は変わらないといい、間伐率三三パーセントで、一ヘクタールあたり八〇〇本、三五年から四三年生になるという。間伐後は草や潅木が生育しやすく、水源の涵養や広葉樹の育成に有効であるという。

神王原の広場から奥へ続く道路に建つ鳥居をくぐって上っていくと、八海山神社の霊場がある。さらに上ると千本松原の御嶽五合目につく。

旧登山道に千本松原見晴らし小屋がある。ここからは開田高原が眼前に広がって展望でき、乗鞍岳、穂高連峰も見える。ここから森林の中を上ると中の湯バス停留所終点に着く。中の湯小屋がある。御嶽の六合目である。このあたりまで来ると、林の様子が変わってきたことに気づく。

ヒノキやカラマツの木が見られなくなり代わってモミ、ツガ、シラビソ、コメツガ、トウヒ、ゴヨウマツなどやシラカバが目につくようになる。

バス停の広場の脇にクマザサの中を左へ入る登山道があり、道標が立っていた。「右御嶽山登山道、左油木美林遊歩道・百間滝」とあった。油木尾根を登ってきた遊歩道がここから入るとさらに七合目まで上って行く。ここからは登山道になるが、七合目から上は山岳地帯で、天候も急変するから、登山の支度が必要であり、夏でも注意を要する。

中の湯の手前から車道を右に下って行くと、ロープウエイスキー場の中を通ってゴンドラロープウエイの

わき上がる雲と御嶽（倉越高原）

鹿《か》の瀬《せ》駅に至る。さらに下ると鹿の瀬温泉と木曽温泉を経て開田高原方面へと通じている。

中の湯から御嶽登山道を上っていくと、ロープウェイの頂上の飯森駅から上ってくる登山道と合流する。七合目行場山荘に着く。このあたりから樹種が変わってミヤマハンノキやダケカンバが多くなり、ハイマツが現れて高山らしくなる。百間滝遊歩道と合流してさらに十分ほど登ると八合目の金剛堂に着く。黒い巨岩の上に金剛童子を祀っている。

ここから上は聖域で、着衣を正し、わらじを履き替えて登ったものだという。明治の初めまでは、女人はここまでしか上ることが許されなかった。それで、ここを女人堂ともいう。

ここから、三の池へ登る道と、黒沢口頂上へ登る道と分かれ道は急に険しくなる。巨岩の多い道を登って行くと所々のハイマツの間に高山植物が見られる。九合目の石室山荘を経て黒沢口頂上に着く。

御嶽山の最高峰剣が峰は標高三〇六七メートルである。石段を上ると、御嶽神社の奥社が祀られている。周りには神像や石碑がたくさん立ち並んでいる。

最高峰から見る眺めはさえぎるものもなく、遠く飛騨山脈、木曽山脈、赤石山脈や富士山を望むことができる。

眼の前すぐ近くに御嶽が姿を現す
（倉越高原）

御嶽頂上の火口湖とお鉢巡り

御嶽頂上には最高峰剣が峰と、北に摩利支天山（二九五九メートル）、継子岳（二八五九メートル）があり、この間に五つの火口湖がある。剣が峰の南西には継母岳（二八六七メートル）がある。王滝登山道から登ってくると、王滝頂上（二九三六メートル）に着く。日の門、月の門を経て王滝奥の院に至る。

剣が峰の裏側の斜面を降りると一の池がある。ほぼ円形の火口湖で水はない。周囲を巡るのをお鉢巡りといい、三十三童子の名を刻んだ石碑がある。信者はこの童子の石碑の前に石を積んで巡礼する。

水分の多い池の底には亀の甲羅のように大小の石が並んだ構造土が見られる。これは、水分をたくさん含んだ土が凍ったり溶けたりする間に、石が動いてこのような形状になるのだという。

水をたたえている火口湖は、二の池と三の池で、二の池は最大水深三・五メートル、水面の標高はおよそ二九〇〇メートルで日本最高の火口湖である。

三の池は周囲およそ一キロメートル、標高二七二〇メートルにあって水深一三・三メートルと深く、透明度も高い。信者はこの水を神聖な御神水として持ち帰る。四の池、五の池も火口湖であるが水はない。

国道十九号から黒沢へ

国道十九号を名古屋方面から木曽側に沿って北上すると、木曽町に入って木曽川に合流する王滝川の谷間に御嶽山が現れる。

元橋交差点から、黒沢・王滝・御嶽山方面の標識にしたがって県道に入り木曽川にかかる元橋を渡ると、御影堂から分かれた王滝口登山道が右から合流する。

川合トンネルを抜けてしばらく行くと日向のバス停留所がある。道上の日向の集落は日当たりがよく梅やナンテンの栽培出荷をしている。

八幡社のひのきの森がある。ここを過ぎると三尾の阿弥陀堂がある。お堂の前には百余の石仏が並んでいる。お堂には平安時代の木造阿弥陀如来座像が安置され、長野県宝に指定されている。

道はまた下の道に出る。黒田のバス停留所を過ぎると右に常盤発電所がある。赤い鉄骨の常盤橋がある。橋を渡らずに左の道を入って行くと、沢渡峠を越え釜沼温泉、東京大学天文台を経て上松、赤沢美林経へ通ずる。

常盤橋は御嶽街道の景勝地で、深い谷の渕になって洪水になると渡れないので明治七年に東京の北常盤講社が多額の浄財を投じて刎《は》ね掛け橋を寄進した。その

普門寺の鐘楼

功績をたたえて常盤橋と命名し、橋の手前には架橋記念碑と歌碑が建てられた。ここに茶屋があった。

常盤橋を渡って一段上の道へ上ると、三尾の集落があって、旧三尾村の廃校になった三尾小学校の木造校舎が残って地域の公民館になっている。

常盤橋を過ぎてしばらく行くと、道下に旧道の桑原、小島の集落がある。桑原は中世木曽氏に仕えた桑原氏が居住したところで、臨済宗妙心寺派の普門寺がある。小島に渡るには昭和の初め頃までは渡し舟で渡っていたが、今では橋がかかっている。中世木曽の領主木曽義昌に嫁いだ武田信玄の娘真理姫の伝承があり、古い五輪塔が二基ある。

県道のトンネルを抜けると、黒沢の交差点に出る。左へ行くと、大島橋を渡って王滝村から御嶽王滝登山道に至る。直進して少し坂を上ると下殿《しもとの》の町並みを通って御嶽山黒沢口一合目の御嶽神社に着く。

黒沢から開田高原へ

黒沢の里宮から御嶽山方面へ少し行くと羽入で御嶽ロープウエイ・開田方面への分岐点に出る。

右へ行く道は下り坂になって白川の橋を渡る。西野川を渡って西野川左岸の道路を上っていくのが開田高原への旧道で、井原、野中、永井野の集落がある。

井原には昭和の半ばまで三岳小学校の分校があった。まっすぐ上ると小奥の集落で行き止まりになる。手前から西野川を渡ると、西野川の右岸を上ってきた道路と合流する。ここに架かる橋が猿橋で、猿橋渓谷の景勝地である。

猿橋の下は硬い古生層の砂岩、粘板岩チャートが隆起して、砂岩などの柔らかい岩石が西野川の侵食によって削られ、深い断崖の渓谷となっている。谷の下は渕をつくり、四季折々の景色が美しい。特に秋の紅葉の季節にはぜひ訪れてみたいところである。渓谷は木曽温泉の下まで続いている。

白川の橋を渡って西野川の右岸を開田方面へ上って行く道は、かつて森林鉄道が通っていた。今は改修されて自動車道路に整備されている。

道が二つに分かれるが、西野川の方へ下る道を行くと、白川氷柱群へ下り、小坂温泉がある。

上の道からは、倉本から倉越高原パノラマラインへ上る道、さらに開田方面へ上ると、猿橋に出る。西野川を隔てた対岸の断崖には、丸い石や砂の堆積した層が幾段にも重なって見え、長い年月を経て川が侵食して深い谷を形成してきたことを知ることができる。

この先のカラマツや広葉樹の林の中を行くと、木曽温泉がある。瀬戸の原から鹿の瀬川に沿って御嶽山麓に入ると、鹿の瀬温泉を通って、御岳ロープウエイ駅へと上って行く。

白川氷柱群

御嶽から流れ出る白川が西野川と合流する付近では、西野川によって侵食された右岸の断崖の地層から御嶽の地下水が絶えず流れ出ている。

寒さが厳しくなると、岩から染み出す地下水がしだいに凍って、つららができ、巨大な氷のカーテンが出現する。厳しい寒さが続くと、高さ三〇〜五〇メートル、幅二〇〇〜二五〇メートルにおよぶという。この自然にできた芸術作品は、夜はライトアップされて昼とはまた一段と違う光景を見ることができる。

御岳ロープウエイ

鹿の瀬駅から飯森駅まで所要時間約十分、展望が開け、御嶽七合目近くまで上ることができる。

中央アルプス駒ヶ岳連峰、開田高原が一望できる。夏には、四の池から流れ落ちる雪解けの水が御嶽頂上の断崖から一条の滝となって見られることがある。いつでも見られないことから幻の滝と呼ばれている。

冬はスキー場になる。リフトも設けられて、寒い年には十二月頃から五月連休にかけて滑走が可能になる。

猿橋渓谷・初夏

自然が造形した芸術作品「白川氷柱群」

西野川の支流湯川と鹿の瀬川に囲まれた御嶽山麓の平原が寒原高原で、牛の放牧が行われている。この高原にキャンプ場がある。上流はヒノキ、サワラ、コメツガなどの林になっている。瀬戸の原から少し行くと開田高原の床並で、昭和二十年代までは上松からここまで森林鉄道が上ってきていた。

Ⅲ 開田高原へ　飛騨街道を行く

御嶽を望む（開田高原）

御嶽を望む（開田高原）

ブルーベリーが紅葉する木曽馬の里（開田高原）

高原野菜畑から御嶽を望む（開田高原）

西野の碑（開田高原）

丸山観音

カラマツの新緑

木曽馬公園

石仏の道歩き

国道十九号から木曽川にかかる木曽大橋を渡って、国道三六一号を開田・高山方面へ向かって行くと、中部電力の黒川渡ダムがある。

江戸時代には、中山道から分かれて飛騨へと通ずる街道の出入り口であったから、この付近に福島関所の添え番所として黒川渡番所が置かれていた。

山側の一段高いところに、杭の原の集落がある。道沿いに、旧木曽山林高等学校の校舎がある。少し先に長野県立林業大学校がある。この近くで山手から流れ出て黒川に合流する幸沢川の橋を渡る。

橋の手前から幸沢川に沿って山道に入ると、およそ十五キロメートル奥に奥幸沢の集落がある。この間には、集落はないが、かつて幸沢山からマンガン鉱が採掘されていた。幸沢川には、渓流釣りに訪れる人も多い。釣りには、木曽川漁業組合の遊漁証が要る。

橋を渡って一段高いところに漆が平の集落がある。ここまでが、江戸時代の旧上田村で、これから先の谷間が黒川村であった。明治七年に上田村と合併して新開村となるまで一村であったから、村人の結束も強く、生活、民俗、習慣なども中山道沿いの村とは違っていた。集落ごとに道祖神や、山の神などの祠も建てられ、御岳信仰も盛んであった。

江戸時代には薪炭や野菜、穀物などを福島宿へ供給し、宿場の生活を支えていた。

明治以降、養蚕、馬の飼育生産が生活を潤した。今でも山手に入ると桑の木林が残っている。古くからの農家の家は、間口の大きい妻入の棟造りで、二階は養蚕の部屋として使われていた。農家の生活が変り、国道が整備されるにつれて新しい家も建てられている。

国道からそれて集落の中を通る旧道に入ると、道祖神や、馬頭観音などの石仏が路傍のところどころに並んで立っていて街道を通った昔の旅人の疲れを癒しただろう風情が残っている。

道沿いの東山に柵に囲まれた桜の大樹がある。中世木曽の領主であった木曽義昌手植えの桜といわれ、脇に東山観音堂がある。その先の島尻の集落には黒川の旧庄屋古畑氏の屋敷跡の石垣の遺構が残っている。古畑氏は、中世木曽氏に仕え、郷士としてこの地を賜った。江戸時代になって村の庄屋となり、村を治めた。

渡合の集落で、西洞川が黒川に合流する。現在の国道は黒川に沿って本谷を上って行くが、旧飛騨街道は左折して、西洞川に沿って地蔵峠を越えて開田村へ出ていた。

猪子島の集落を過ぎて、西洞川にかかる橋を渡ったところの集落が樽沢で、その先に二本木、一の萱の集落がある。二本木からは平安時代に作られた八稜鏡が出土している。ここに二本木温泉がある。

峠の下の集落が一の萱で、本谷に国道が整備される前には、冬季になると積雪のためにここが福島からのバスの終点であった。現在でも一の萱の少し上で冬季間は通行止めになる。

唐沢の滝から地蔵峠へ

峠の坂にかかるところに唐沢の滝がある。落差およそ一〇〇メートルで、明治の頃には黒川八景に数えられ、上松町《あげまつ》の寝覚《ねざめ》の床《とこ》、王滝村の氷が瀬とともに「木曽の三勝」と称された。秋の紅葉の季節には訪れる観光客も多い。

旧道は滝の右手の急斜面をつづら折りに上って滝上に出た。遊歩道が整備されている。このあたりから振り返ると、今上ってきた道が谷間の中に曲がりくねって林の中に続き、谷間の先には遠く木曽山脈の連峰が望まれる。車道は迂回して滝上に出る。

切り立った岩盤の下に木造の桟道が設けられて、上って行くバスが落ちるのではないかと思われる危険な難所であったが、現在では石垣コンクリートで固められて安全に車で通れるようになっている。滝の上からしばらく行ったところに、昭和の中頃まで峠の茶屋があった。ここから車道より少し低い谷間に旧道が通っている。またしばらく行くと、標高一三三五メートルの峠の頂上に出る。地蔵峠由来の地蔵菩薩の石像が祭られている。

享保一三年（一七二八）に立てられた古い石像は昭和四十年に心ない人によって盗まれ、台座だけが残されていたという。現在の石像は昭和四六年に新たに立てられたものである。

旧道はここから谷間をまっすぐに下って行く。車道は迂回していったん旧道を横切り再びカーブして広葉樹やカラマツ林の中を下って行く。

車道を下って少し行くと、急に視野が開けて御嶽山の全容が目に入ってくる。御嶽山麓の広大な高原が広がり、島崎藤村の小説『夜明け前』の一節「木曽路はすべて山の中である…」に始まる今まで通ってきた木曽谷のイメージとはまったく違った風景が展開する。

ここに展望台が設けられている。西野川を隔てて山麓に広がる高原は恩田原で、戦後開拓地となり、開発が進められている。

開田高原は木曽川沿いの街道、中山道とは峠によって隔てられていたので、道路が改修されて自動車が通行できるようになるまでは、木曽のチベットとも呼ばれていた。

旧道の遊歩道をまっすぐ下って行くと、石仏が並ん

唐沢の滝

地蔵峠に立てられているお地蔵様

旧飛騨街道

でいるところや、荷物を運搬する持ち子が休むために石を積んで平らにしたところがある。

地蔵峠の開田高原に向いた斜面は、かつて木曽馬が各家に飼育されていた昭和三十年代頃までは、馬の飼料の採草地であり、放牧場でもあった。今は、カラマツやシラカバなどの林になっている。坂道を下ったところが角塚里《かくづかり》で、二十三所観音の石仏を祭った観音堂がある。

お堂の脇道に石碑や石仏が並んでいる。この中に、村の田を開いた由来を刻んだ稗田《ひえだ》の碑がある。標高一一〇〇メートルの高冷地では田地がつくられなかったが、延享二年（一七四五）にこの地の庄屋中村彦三郎が苦心して稗田を開き、稲作ができるようになった功績をたたえて安永五年（一七七六）に建てられたものである。

黒川本谷に沿って国道三六一号を行く

西洞川が合流する渡合に、昔ながらの農家の造りの民宿「黒川荘」がある。開田方面へ向かう国道は直進してまっすぐに黒川に沿って上って行く。国道から右側に中谷《なかや》、溝口の集落がある。旧道はこの集落の中を通っている。旧道がいったん国道に出たところに、保育園、旧黒川小学校の木造の校舎が残されて、ふるさと体験館となっている。

吉田、平栃《ひらとち》の集落を過ぎて、黒川にかかる橋を渡ったところが橋詰の集落で、橋の脇のイチイの木に囲まれた中に石仏が並んでいる。

しばらく行くと、左側に神社の森が見えてくる。白山神社で、黒川郷の鎮守の宮である。御嶽神社、白山神社を一社にまつり白山神社といっている。本殿は総ケヤキの流れ造りで、明治十七年に諏訪の立川流《たてかわりゅう》の流れを汲む地元の宮大工、斎藤常吉が棟梁となって造営したもので、見事な彫刻が施されていて町の文化財に指定されている。

この先に、右側から黒川支流の上小川《かみおがわ》が合流する。みやま苑という食堂があり、釣り場も設けられている。対岸に小野《この》の集落が見え、上小川に沿って上って行くと上小川の集落がある。

この奥から奥幸沢を経て木祖村の菅《すげ》へ出る道があった。峠を上ったところに御嶽遥拝所《ようはいじょ》が設けられている。旧道は今はすたれて通行できないが、林道が造られている。

白山神社を過ぎて、野中の集落があり、黒川にかかる橋を渡る。川を隔てて清博士《せいばかせ》の集落がある。ここには安倍清明の墓といわれる伝承があり、安倍清明の石像がある。

その先に村木の集落があり道沿いに馬頭観音などの

稗田の碑

石仏が並んで、鳥居が建っている。しばらく行くと旧道が分かれて芝原の集落の中を通っている。国道は旧道を横切って黒川にかかる橋を渡る。右手に岡の平の集落があり、旧道は集落の中を通ってまた国道に合流する。

坂の道を上って行くと国道はカーブして新地蔵トンネルに入る。トンネルの手前に「きそふくしまスキー場」の入り口がある。スキー場に入ると、黒川郷の最終の集落折橋がある。新しいトンネルができる前はここから折橋峠を越えて開田高原へ出ていた。折橋集落の上にトンネルが造られていたが道路の改修によって新しいトンネルが開通し、開田高原までの距離と所用時間が短縮された。新地蔵トンネルは長さ一六四五メートルで、昭和六二年竣工している。

トンネルを抜けると、開田高原末川上流の集落小野原へ出る。春にはカラマツ林の芽吹き、シラカバの新緑が美しい。秋になると、国道沿いに植えられたコスモスの花が咲きコスモス街道となる。

小野原から末川の流域に沿って集落が点在している。トンネルを抜けて国道から左折して川を右に山際を下ると、大屋の集落があり、熊野神社がある。境内の中にあるシバタカエデは、天然記念物に指定されている。

木曽の三観音・丸山観音

少し行くと、丸山観音がある。盛り上がった山の上に馬頭観音像を祭るこんもりとした山なので遠くから見てもすぐわかる。

昔は、大桑村の中山道筋にあって絵にも描かれれていた岩出観音と、日義の岩華《いわはな》観音とともに木曽の三観音と称されて、毎年旧暦卯月の四月八日の祭りには近在近郷から大勢の参詣者が詰めかけたという。

眼下に末川の集落と、御嶽山が見え、桜の季節紅葉の季節には景色のよいところである。少し下ると恩木の集落に禅宗妙心寺派の瑞松寺がある。

さらに農道を下って行くと、稗田の石碑、観音堂のある地蔵峠から下ってきた道に出る。末川に架かる橋を渡った集落が古屋敷《こやしき》である。旧末川村の中心地であった。

黒川から上ってきた新地蔵トンネルを抜けて最初の信号機のある交差点を左折して、国道から分かれて末川の右岸を通る道を下ると、下流に開田小学校があり、古屋敷の集落に出る。さらに末川に沿って下って行くと下流には鶉類沢、鱒渕の集落がある。

旧飛騨街道は、ここから少し坂を上ってカラマツ林の中を通り、中沢で国道三六一号に合流する。

末川から把の沢へ

信号機のある交差点の近くに水生植物園がある。カラマツや赤松の林を抜けると右手に開田郷土館、左手に木曽馬の里の入り口がある。

郷土館には木曽馬の純血種第三春山号のはく製や、馬に関する資料、古文書、生活、農耕用具などが展示されている。

木曽馬の里は、シラカバ林の中の草原にあり、乗馬体験ができる乗馬センターがある。厩舎も見ることができる。シラカバの林から御嶽山の全容が見え、草原には放牧された馬の群れが草を食《は》む様子も、開田高原ならではの風景で、写真を撮りに来る観光客も多い。

ここから先に行くと、少し下り坂になったところに馬橋の集落があり、鬚沢の橋を渡る。鬚沢の上流には、鬚沢集落があり、下流には鬚沢渡、鱒渕の集落がある。ここから開田ゴルフ場に至る。

国道をまっすぐ行くと、右手奥に中沢の集落が見え、藤屋洞の集落がある。この先の右側の山手に馬頭観世音菩薩と彫った大きな石碑が建っている。

その先のカーブにかかると、開田中学校の入り口がある。道は下り坂になって把の沢の橋を渡る。国道は左折するが川に沿って右に行けば木曽町開田支所があ

木曽三観音のひとつ「丸山観音」の石仏群

木曽馬の里

三十三体仏（馬橋）

り、把の沢の集落がある。

把の沢から西野へ

旧飛騨街道は、ここからつづら折りの歩行道を上り、西野峠を越えて西野へ出る。峠の道には馬頭観音や、地蔵菩薩の石仏があり、老松の下には石を積んだ休み場もある。

峠の上から見ると、西野の集落が一望できる。頂上少し手前から左の尾根道を行くと中世の城跡に出る。本丸跡に石碑が立っている。峠を下ると、大屋の集落に出る。国道は把の沢橋を渡って左折し南下して行くと、池の沢から左へ入る道がわかれる。この道を行くと、柳又集落の上で西野川にかかる橋を渡って段丘上の管沢へ出る。

国道は直進して、西野峠南の城山（一四二九）の麓をめぐる九蔵《くぞう》峠を越えて西野へ出る。峠の頂上付近に層になった岩石チャートの褶曲《しゅうきょく》が見られる。古成層の隆起によってできた地層で、天然記念物になっている。

ここに展望台が設けられ、御嶽山の全容と麓の台地、眼下に柳又の集落が見える。御嶽の裾を引いた先に飛騨街道の長峰峠、乗鞍岳も見える。

峠から下って行くと、黒い粘板岩の断崖から清水が滝となって流れ落ちるところがある。麓に下りて、西野川を渡ったところが土橋《つはし》の集落である。ここから右折して、西野川の上流に向かって行くと、旧西野小学校の跡があり、西野の中心の集落下向《しもむかい》に出る。

西野峠を下って大屋に出た道が西野川の橋を渡ると下向で合流する。長野県宝山下家住宅、開田考古博物館がある。

この先に源流寺がある。西野川をさかのぼって橋を渡ると西野峠を下って大屋から上ってきた道と出合う。ここに西野の鎮守の八幡神社がある。橋を渡らず上って行くと、小西、高坪の集落がある。白菜、大根などの高原野菜の栽培農地が広がっている。

西野から長峰峠へ

西野から長嶺峠を越えて高山方面に行く道は二つある。一つは国道三六一号を行く道であり、一つは旧道の歩行道で、西野峠を下ってきて大屋、下向の集落から一段高い段丘を上り、藤沢、集落から関谷峠を越えて関谷の集落に出る。

下向の山下家の横の道を一段高い段丘の上に上ると、駒背原に出る。沢に沿って、下流に上栗尾、下栗尾の集落がある。沢に沿って上って行くと、水芭蕉の群生地があり、その先に藤沢の集落がある。集落の入り口

西野から御嶽を望む

石積み屋根の家

平次郎地蔵の周囲には、たくさんの石仏が建てられている

からそれて、関谷峠を越えると、西又川の上流関谷の集落に下る。峠の麓まで林道を行くと、頂上まで歩いて十五分ほどで、藤沢から歩いても三〇分ほどである。頂上から下りは二〇分ほどで関谷の集落に出る。ここで、西又川にかかる橋を渡ると、国道に出る。

国道を九蔵峠から下ってくると、道下に大込《おおめ》の集落が見える。西野川の橋を渡ると土橋の集落で、国道は左折してしばらく西野川に沿って下る。

川を隔てて左岸に大込の集落を見ながら下って、越の集落から国道は右の谷に入り、西又川に沿って上って行く。西又、馬里、関谷の集落を経て、長峰峠を越えると、岐阜県の日和田へ出る。

越の集落から西野に沿って三岳方面へ下って行くと、下の原で、御岳権現、覚明霊神などの石碑や石仏の並んでいるところがある。鳥居が建っていて御嶽登山道開田口の入り口である。ここに柵《さく》に囲まれた中に石造の地蔵があり、由来を書いた立て札が建っている。この地蔵は寛保三年（一七四三）に建てられたもので、平治郎地蔵と呼ばれている。

平次郎地蔵のあるところから林の中をさらに下って行くと、冷川《つめたがわ》を渡って柳又原に出る。野菜畑やそば畑がある。

その先に管沢《くださわ》の集落があり、国道から分かれて西野川を渡り柳又の集落の上へ出てきた道といっしょにな

平次郎地蔵の由来

昔、西野に平次郎という男がいた。さいづち頭で背が低く、その上に無口で風采があがらず、のんびりとした性格であったから、村の人たちからは愚か者扱いをされていた。けれども平次郎は働き者で、田畑の仕事や山仕事に精を出して毎日黙々と働いていた。

西野は木曽馬の産地で、どこの家でも三、四頭の馬を飼っていたからその飼料とするために、村共有の広い草原があった。毎年春になると、よい草が生えるように村中が出て山焼きをした。

ところが、ある年のこと、山焼きが終わった後に草山から火が出て燃え広がり、お留め山に燃え移って大山火事になってしまった。

もとよりお留め山は、木曽の五木として大切にされていた、ヒノキ、サワラ、アスナロ、ネズコ、コウヤマキの生えている山で、木を切ることはもとより村人は指一本も触れることが許されず、立ち入り禁止の山であったから、たいへんな大事件になってしまった。お留め山を焼くとはとんでもないことで、村人たちはただ驚いておろおろするばかりであった。

そこへ、尾張藩の上松材木役所の役人や、福島の代官所の役人が駆けつけてきて取り調べが始まった。ところがさらに悪いことに、焼け跡からまだ新しいヒノキの切り株がいくつか発見された。これは明らかに誰かが留め山の木を盗み出したということがわかってしまった。

役人は、留め山の木を盗み、証拠隠滅のために山焼きにことよせて留め山を焼き払ったのだとして、村の庄屋をはじめ、おもだった人たちを牢屋にぶちこんでしまった。それで、村中がひっくり返るような大騒ぎになって、どうしたものかと集まって相談したが、だれもよい考えが浮かばなかった。

そのとき、一座の中からつぶやくように、「おれが一人でやったことにすればいい」というものがあった。みんなが一斉にその方を見ると、それはいつも無口な平次郎であった。それで、一座はみんなしいんとしてだれひとり口をきくものがなかった。平次郎はその後ふいとどこかへ行ってしまった。

「とんでもないやつだ」と平次郎は役人に捕らえられ、牢屋に入れられた。やがて平次郎は首をはねられ、さらし首にされた。

牢屋に入れられていた庄屋と村のおもだった者はきついお叱りを受けたが、平次郎一人の仕業となったので、許されて村へ帰ることができた。

その後幾年かたって八十八夜の観音様の祭りの日に、馬頭観音の石碑の脇に道しるべを兼ねた地蔵が建てられた。それがさいずち頭の平次郎によく似ているので、村人はだれいうとなく平次郎地蔵と呼ぶようになり、その霊を慰めるために花や線香を供えてお参りする人が絶えなかったという。

長峰峠の祠

る。ここから御嶽山麓の方に入る道が分かれている。
開田高原キャンプ場、尾ノ島の滝、開田高原休養地、御嶽明神温泉、開田高原マイアスキー場などがある。ここへは谷がいくつも分かれているから、標識にしたがって林道を行けばよい。春の芽吹き、秋の紅葉の季節には行ってみたいところである。
まっすぐ三岳方面へ下って行けば、床並を経て三岳に入り、木曽温泉に至る。

開田高原の四季と今昔

開田高原は、三方が山で囲まれ、末川、把の沢、西野川とその支流の沢に沿って集落が散在し、西に御嶽山がそびえ、西野川が支流の水を集めて南の三岳へと流れ下っている。

開田高原に入るには東の地蔵峠、黒川の折橋から新地蔵トンネルを抜ける道と、三岳から西野川をさかのぼって来る道がある。御嶽山と北アルプスの乗鞍岳の裾野の鞍部を越える長峰峠と、末川をさかのぼって月夜沢へ入り、月夜沢峠を越えて野麦街道へ出る道が、飛騨の高山へ通じている。

交通の不便であった昔は、村へ入るにも出るにも峠を越えなければならなかった。昭和の三〇年代頃までは冬になると雪のために交通機関が途絶することがあったが、現在では年間通して車で入ることができる。

広い高原の集落は標高一一〇〇〜一二〇〇メートルに及ぶ高冷地のために農作物の生育が悪く、田畑が開けなかったから、農家では馬を何頭も飼育していた。広い高原は馬の放牧地であり、集落近くの山の斜面は馬の飼料のための採草地であった。春になると、たくさんのワラビが採れたものである。

田畑の作物の収穫が終わった後や、春先にはどこへも馬を放し飼いにした。そのため、道路の両側や、家のまわりや畑などには馬が入らないように柵（マセンボウ）が回らしてあった。

農家の造りは板葺石置き屋根で、妻入の入り口の隣に馬の入り口があった。同じ屋根の下に馬と家人が同居していた。板敷きの台所から馬の飼料を飼い葉桶に直接与えることができた。冬は囲炉裏の火が馬屋へ回り、馬屋に敷いた草が発酵してその熱が家の中へも回った。今ではこういった民家はほとんど見られなくなったが、木曽福島郷土館に一棟移築保存されている。

かつて馬の駆け回った草原や、山の麓の採草地には、シラカバやカラマツ、アカマツやミズナラなどの広葉樹の林となって、芽吹きの頃から新緑となり、秋になると色とりどりの紅葉が錦を織り成したように美しい。

晩秋の頃から御嶽に雪がくると、開田高原の美しさを一段と引き立てる。冬は雪で一面に白くなり樹氷も見られる。

御嶽の美しさは夏の季節だけではわからない。雪の御嶽は高原の宿に一泊して見るに限る。夜明けから太陽が昇るまで、紫色からばら色にさらにオレンジ色にと刻々と変化して、昼間見る御嶽とは違った趣がある。また、日暮れには御嶽に日が沈んでだんだん暗くなってゆくにつれてシルエットに浮かぶ御嶽もなかなか風情がある。

寒冷地のためによい米の取れなかった開田高原では、山麓の畑に蕎麦《そば》を作っていた。最近では蕎麦が健康食であることが喧伝されて、いたるところで蕎麦が栽培されるようになった。開田高原の秋には畑一面に白や、赤の蕎麦の花が咲き、見頃になると訪れる人も多い。開田地区では蕎麦祭りも開催されて出店や催しものも計画され一日中にぎわう。

今は少なくなったが開田高原の沢や、川、用水路のあちこちに水車小屋があって蕎麦の実を粉にした。蕎麦は主食同然であったから、実のまま保存して必要なだけ水車で粉にした。

粉にして保存すると、蕎麦がかぜをひくという。蕎麦の粘りがなくなるからである。冬には蕪菜を発酵させた「スンキ」を作って保存する。スンキの汁に蕎麦を投じて食べる。寒い冬はスンキとうじの蕎麦が何よりのごちそうである。

一面にそばの花が咲いた畑

民話「蕎麦立ての兵」

秋になって蕎麦が実ると、刈り取った蕎麦を把にして、畑一面にならべて立てて乾燥する。

茎の赤い蕎麦の把が畑一面に並んだところも開田高原ならではの趣がある。

昔、中世の頃のこと、飛騨の軍勢が峠を越えて開田高原へ攻め入ってきた。

峠の上から開田高原を見下ろすと、広い原野にズラーッと大勢の兵が並んでいるのが見える。

日は御嶽山に落ち、影を長くひいて屈強な兵士に見える。峠の軍勢は、それを見て驚いてしまった。

さては木曽の軍勢を結集して待ち構えていたのに相違ない。こんなところに攻め込んだらひとたまりもなく討ち取られてしまう。

怖じ気づいた飛騨の軍勢はほうほうの体で逃げ帰っていったという。

Ⅳ 木曽駒高原・山麓線を行く

八沢川をさかのぼる

木曽福島駅から坂を下って、八沢の町並みを抜けると鉄橋の下に出る。右の坂道を上って行くと、木曽清峰高等学校があり、八沢川を左に並行して行くと、右に町立幼稚園がある。さらに先へ行くと、橋を渡って川を右にしてさかのぼる。

やがて、国道の交差点に出る。国道はすぐ左の福島トンネルに入って行く。国道を横断して少し行くと、左側に石の鳥居がある。鳥居をくぐって坂道を上り、さらに石段を登るとスギやヒノキ、サワラの大樹に囲まれた社叢の中に水無《すいむ》神社がある。

水無神社は、室町時代に飛騨の一ノ宮の水無《みなし》神社を勧請したものといい、高照姫命《たかてるひめのみこと》を祀《まつ》る。社殿は神明造りで、明治四年に再建されたものである。拝殿には多くの絵馬が掲げられている。

祭礼は毎年七月二二・二三日に行われ、「みこしまくり」（御輿《みこし》を転がす）奇祭で知られている。およそ四百キロの御輿は毎年新調され、前日宵祭りの正午お宮を出て、祭り囃子の山車《だし》（だんじり）の先導で福島の町内の半分をまわり、御仮屋（御旅所）へ泊る。町には屋台の店が並び、木曽踊りも行われる。この夜は花火が揚がる。狭い谷間に打ち上げ花火の音がこだまして、よそでは味わえない花火大会である。翌日の本祭りには、正午から残りの町内を廻り、夕方から御輿を地面に落とし、夜更けまで御輿まくりが勇壮に行われる。横まくりや縦まくりの末、夜更《ふ》けに壊れた御輿を担いでお宮に還御する。

水無神社の参道を行くには、八沢橋を渡って上の段に入り、鍵の手に曲がるところの井戸の上から右に入る山口の道を行く。少し先に水場があって坂道を上ると大通寺の踏み切りに出る。

踏み切りを越えて少し先にまた水場があって、道辻に道祖神の文字碑と相対して地蔵堂がある。それから急な坂道を上ると、高校のグラウンドに出る。中世の上の段城の二の丸で、右の山が本丸跡である。上り切ったところに水無神社の一の鳥居がある。ここに城の空堀の跡がわずかに残っている。

ここから平坦な参道が神社まで通じている。一の鳥居から左に行けば関山公園がある。公園の広場から木曽川の上流を見ると、少し左にややとがった高い山がある。剣ヶ峰（合図ヶ峰）で、中世ののろし台であった。公園の下に上町で祭る金毘羅神社があり、坂道を下ると、関町に出る。

水無神社の下に県立木曽養護学校がある。八沢川に沿っておよそ二キロさかのぼると、川上、正沢の集落がある。この間に、家畜市場がある。川上の集落から

水無神社境内

およそ一キロ半先に駒の湯旅館がある。

このあたりまで上ってくると、御嶽の頂が見える。駒の湯の付近は紅葉がきれいで、脇に流れる八沢川の清流が紅葉の景色を引き立てる。この先から木曽駒高原キャンプ場へ行く道がある。ただし、冬季間は閉鎖される。ここから左へ入る車道を行くと木曽駒高原宇山の別荘地を通って大原《おおばら》の集落に出る。

木曽駒山麓林道を行く

駒の湯からおよそ二キロ上ると林道木曽駒山麓線に出る。林道を右に行くと、薬師平、番所平という地名の場所があり、木曽古道が通っていて、薬師堂や番所があったと伝えている。

薬師堂は福島の長福寺の古跡といい、長福寺によって薬師平の石碑が建てられている。

さらにその先にあずま屋があって、その手前から右へ、坂道を降りて行くと、古道に出る。小さな沢があって、これを湯の沢という。沢を下ると、正沢の集落にでる。沢の先からしばらくカラマツ林の古道の道が続いている。この道は上松《あげまつ》の馬留《うまどめ》へと続いていた。

沢の少し上に薬師堂があって石造の薬師如来座像が祭られている。御堂前の沢から炭酸水が湧き出ている。沢の岸の棒にコップがかけてあって、汲んで飲むことができる。昔はここに駒の湯温泉があったといい、旧湯という案内板が建っていて、今の駒の湯を新湯といった。

さて、駒の湯から上ってきて山麓線林道に出たところで左へ曲がっていくと、展望台広場にあずま屋がある。ここからの眺めは素晴らしく、晴れた日には正面に御嶽の遠景が見え、右の裾野に続いて乗鞍岳の全容が見える。さらにその右に北アルプス奥穂高岳と前穂高岳の頂が見える。標高はおよそ一二五〇メートル、御嶽の麓《ふもと》の開田高原が同じ高さに見える。

眼下に続くヒノキ林は、昭和三十年頃までは馬の飼料を採取するキビオの草山で、野焼きのあとにたくさんわらびが採れ、秋には桔梗やはぎ、リンドウの花が咲いた。夏から秋にかけてキリギリスもたくさんいたが、ヒノキ林になってから、まったくキリギリスや高原のチョウなども見られなくなった。

この草原は、昭和五年にキビオスキー場として開発され、中京方面のスキーヤーが中央線に乗って大勢訪れた。また翌年には、中部日本スキー選手権大会も開催されている。木曽福島駅前からは雪そり馬車もスキー場入り口まで運行されて、スキー場の下には国鉄山の家も建っていた。スキー場には食堂付きの山小屋、休憩所もでき、スキー競技大会も開催されていたが、昭和三十年以降、暖冬のため積雪が少なくなってスキ

川上集落風景

ーはできなくなった。御嶽、乗鞍岳、北アルプスを展望できる景色のよいところであって、小学校の遠足の目的地でもあった。今ではすっかり森林になって変ってしまったが、四季折々に景色のよいところであることに変わりはない。

展望台から、木曽駒高原宇山ゴルフ場の木曽駒高原ホテルの建物も見える。ここから木曽駒ヶ岳へ登る登山道の入り口があり、登山者カードが箱が設置されている。この先から坂道を下ると、大原の集落に下りる。

御輿まくりの由来

例祭、毎年新調した白木の御輿をまくって（転がして）壊してしまう祭りの由来には、次のような話が伝承されている。

昔、木曽福島に、宗助《そうすけ》、幸助《こうすけ》という若者がいた。二人は飛騨の国へ出稼ぎに行っていた。（杣《そま》稼ぎか、飛騨の匠といって彫刻にすぐれた人がいたから、おそらく大工の修業か）

ある年、飛騨の国に戦乱が起こった。飛騨の一ノ宮もあぶなくなったので、二人は木曽へお移ししようと相談して御神体を御輿に移してかついでいった。

国境《くにざかい》まで来ると追手がやってきた。二人は疲れて、とうとう御輿を地面に落としてしまった。もうこうな

川上の道祖神

っては仕方ない。御輿を木曽谷の方へ転がしていこうと、「宗助それいくぞ」「幸助いくぞ」と掛け声を掛け合いながら木曽福島まで転がしてきた。

水無神社のあたりまでくると、さすがにおなかがへってきたので、一軒の農家へよって何か食べさせてくださいと頼みこんだ。その家では、あいにく米はないけれども麦《ばく》があるからこれを進ぜようと麦をだしてくれた。麦は小麦粉のこと。それから後、その家はますます栄えたという。それで、今でも祭礼の日には枠持ち（御輿をかつぐ人）に、うどんを出して接待するのだそうである。

御輿の行列はお宮を出ると、長刀《なぎなた》を持った天狗を先頭に、旗や太鼓、長刀、刀、弓矢などの威儀物に続いて、室町時代の衣装を着けた宗助、幸助役の指図によって麻衣《あさぎぬ》を着た大勢の枠持ちにかつがれた御輿がやってくる。その後から大神様、神官の行列、太鼓などが続く。

町へ入ると、だんじり（山車）が迎える。山車の上では三味線、笛、太鼓、鼓《つづみ》などでお囃子を奏でる。町の所々に道を挟んで張ったしめ縄を、先導の天狗が切って御輿を通す。

二日目の夕方近く、町中から国道に出る福島トンネルの交差点に来ると、御輿をいったん下ろし、飛騨街道の見える黒川の谷間の方角に向け、宗助、幸助、枠持ち一同が整列して遥拝してから御輿まくりが始まる。

高い山から谷底見れば　ノーイソーレ
瓜やなすびの　花ざかり　ノー　ハリワヨーイ　ヨーイヨイ

御輿はゆっくり進み、枠持ちが声を揃えて歌う。御輿が止まって、

オーミーコーシ　ワガミヲーウチーニ　ハシーカケ

御輿まくりの後、みこしは水無神社に奉納されている

ーテ
シーントローートローセ　宗助、幸助、宗助、幸助、
（御輿をゆすって）
ドスーンと、御輿を落とす。

御輿まくりはこのお囃子から始まる。

山車の上の華麗なお囃子、山車を曳《ひ》く掛け声、御輿巡行の笛、太鼓、枠持ちの歌声、掛け声、御輿の転がる音などが交錯してなんとも賑やかな風情である。

木曽駒高原を行く

木曽駒高原は、正沢川の氾濫によって形成された、国道沿いの原野《はらの》・道の駅からおよそ四キロメートル奥の大原集落に至る、標高およそ八三〇メートルから一一〇〇メートルにおよぶ高原である。正沢川の下流に、元原という地名があるが、原野村が氾濫のため埋没して、現在地に移ったために名づけられたものという。

下流には水田も開けていたが、大部分の原野《げんや》は大原《おおばら》と呼ばれた草原で、木曽馬の放牧地であった。

昭和三七年頃から中京方面の財界が中心となって別荘地の開発が進められ、木曽駒高原ゴルフ場ができ、カントリークラブハウスや宿泊施設が整えられた。続く宇山地区にも宇山ゴルフ場が開発され、高原ホテルも建てられた。山林の中にも別荘地ができ、分譲されている。

かつては公認の屋外スケートリンクができて、日本選手権大会が盛大に開催され、ここからテレビ、ラジオによって全国に中継された。また、ボウリングブームに乗ってボウリング場ができ、一時は盛んであったが、暖冬のためスケートリンクは閉鎖され、ボウリング場もなくなった。

現在はブナやシラカバ、ナラ、栗などの広葉樹の林の中に、木曽駒森林公園がある。テニスコート、マレットゴルフ場、オートキャンプ場、遊歩道などがあり、草原には滑り台などの遊具も設置されている。また釣り場もあり、バーベキューハウスもあって、釣り上げた魚を調理して食べることもできる。

文化施設としては木曽文化公園があり、七五〇〇人収容の文化ホール、宿泊施設「駒王」がある。

原野交差点から木曽駒高原へ

国道十九号を名古屋方面から来て、原野交差点から右に入ると、木曽駒高原に至る。少し先の左側に住宅地、右に国民宿舎天神温泉がある。その先に文化公園、文化ホールの入り口がある。左折して行くと、文化ホールの前に出る。

演奏会など、特別な催しがあるときには、JR木曽

徳音寺地区・中山道沿いの
道祖神

福島駅から臨時のシャトルバスが運行される。文化ホールからまっすぐ先へ行くと、また、交差点から上ってきた道に出る。文化公園のすぐ上の道を左折して行くと、森林公園に至る。

ここから林の中に別荘地が続く。売店、木曽駒高原カントリークラブハウスがある。広大な別荘地内に縦横に道路が分かれているが、主な道路は二車線道路になっている。別荘地の中にホテルもある。

別荘地を抜けて、正沢川にかかる木曽駒橋を渡ったところに、大原の集落の石仏群が並んでいる。その先の分かれ道を右に行けば、宇山の別荘地、宇山ゴルフ場、高原ホテルに至る。左の坂道を上って行くと、道沿いの左側に石灯籠が二基立っていて、その奥の林の中に大原集落の諏訪神社がある。

このあたりまでくると、御嶽の全容が見える。大原の集落の中に、民宿、ペンションなどがある。集落の中の道辻には石仏などが立っている。集落の上には県営の運動場もあり、その上に林道木曽駒山麓線が通っている。

ＪＲ原野駅から木曽駒高原へ

木曽駒高原へ行くにはいくつかの道がある。ＪＲ原野駅から無佐沢《むさざわ》川に沿って国道の下をくぐり、川に沿って上って行くと、石仏や石碑の並んだところがある。国道から駒ヶ岳の方に入る道は、どの道も高原の奥で通じている。林の中に田畑のあるところや新しい住宅が建っているところもある。

国道脇にある林昌寺の横の道を川を左にして入って行くと、新地の新しい住宅地があり、文化公園の上の道から森林公園へ行く道と出合う。

この辻に大きな平らな石があり、七尋石《ななひろいし》という。この先にオートキャンプ場、木曽駒森林公園がある。

それから少し先に、木曽三観音の一つ馬頭観世音を祭る岩華《いわはな》観音がある。観音堂は岩の上にあり、下の広場から人ひとりが通れるほどのつづら折りの道を上り、石段を登る。参道の脇にはたくさんの馬頭観音の石仏が立っている。毎年五月、渡沢《わたざわ》の集落でお祭りをする。

この先へ上って行くと正沢川にかかる橋を渡って、山麓林道から下ってきた正の平の道に出る。左へ行くと、駒ヶ岳神社の小さな祠があり石碑がある。この先に濃が池川が正沢川に合流する。坂道をさらに上って行くと、砂防堰堤がある。その上に、採草地がありペンションや食堂もある。ここからも木曽駒ヶ岳への登山道がある。ここから、標高一五六〇メートルの木曽見台を越えてキビオへ出ると、春の芽吹きの頃から秋の紅葉の季節まで景色のよいところである。ことに正沢川のほとり、別荘地の紅葉はきれいである。

岩華観音の馬頭観音

国道十九号沿いの南宮神社の脇から一車線の道を上って行くと野上《のがみ》の集落がある。田畑が開けている。集落を抜けると、山麓線林道に出て渡沢の集落の上に出る。途中に崩壊地の落石があるから通行には注意が必要である。

南宮神社から坂を下ったところで、巴渕から国道へ出てくる道が合流する。道を横切って右に入って、砂ヶ瀬川を越えて坂道を登って行くと、砂ヶ瀬の集落がある。農家が昔からの面影を残している。道はここで行き止まりになる。

歴史の道・権兵衛街道

国道山吹トンネルの手前の信号機から右へ入る道が国道三六一号で、中央アルプスの中腹をトンネルで抜けて伊那へ出る。この道は平成十八年二月にトンネルが開通して、木曽と伊那が車でおよそ四〇分ほどで通ることができるようになった。新しい道が整備されて旧道は所々なくなっているが、峠を越えて歩くのもよい。

国道から神谷川に沿って入って行くと、神谷の集落がある。江戸時代には、岡船《おかぶね》という荷物を運ぶ牛方の集落で、伊那から中山道の宿場に運ばれてくる米などの中継地であった。

集落の下村にループ橋があって整備された広い道に出る。旧道はこの下を通って上って行く。神谷から姥神峠《うばがみ》を越える。姥神峠の頂上には御嶽遥拝所《おんたけようはいじょ》があり、霊神碑が立ち並び鳥居が建っている。峠を下ると羽渕の集落がある。ここから奈良井《ならい》川に沿って下って行くと、奈良井の宿場町に出る。

羽渕から奈良井川に沿って上って行くと、番所平がある。元禄九年（一六九六）に道路が改修されて牛馬が通れるようになり、ここに番所が置かれていた。

今は番所トンネルの入り口になり番所はない。この先に一番奥の萱ヶ平の集落があって、権兵衛峠に出る。頂上からは伊那の平が一望できる。

権兵衛峠の由来

中央アルプス（木曽山脈）の鞍部、権兵衛峠（一五二二メートル）を越えて、天竜川流域に広がる伊那と木曽とを往来していた権兵衛街道は、行程およそ三六キロメートル、人がわずかに行き来するだけの道であった。この峠は鍋掛峠と呼ばれていた。

元禄六年（一六九三）に、神谷の牛方から宮ノ越宿の役人を通して、この道の改修について伺い書が木曽代官所へ差し出された。それによると、「宮ノ越から伊那の小沢というところまで四、五里の道を、峠を越えて米などを運んでいます。この道を牛馬の通れる道に改修したならば大量の米を伊那から付けて運び込むことができ、木曽の宿場のためになりますから、検討してください」ということであった。

木曽はそのほとんどが山林で、田畑が少なく米が取れなかったから、木曽代官の知行地である東美濃や、松本平などから運ばれていた。木曽には中山道が通り、宿場では米が必要であるばかりでなく、山林から材木を伐り出す杣や、材木を運ぶ日雇《ひよう》等の食料も必要であった。

宿場では公用の荷物を継ぎ立てるために、人足や馬が用意されていたが、大名の通行など大量の荷物を運ぶためには人馬の需要が不足した。もし、街道が整備されて伊那から助馬を頼むことができれば、宿場にとっては願ってもないことである。

そこで、元禄八年（一六九五）、木曽十一宿の庄屋、問屋（荷物を継ぎ立てる人足や馬を手配する役人）が連名で街道の改修願いを申請した。

尾張藩では、伊那側と相談してから届け出るようにということになり、伊那と交渉した。これに対して伊那の箕輪領二十一カ村では、道路が改修されて物資を運ぶのには便利でよいが、助郷のために馬を駆り出されては困ると反対した。

木曽では、たとえ助郷を割り当てられてもその分は

権兵衛トンネル

木曽側で調達して、決して迷惑をかけないという一札を入れて工事に取りかかった。伊那との交渉、工事には神谷の牛行司古畑権兵衛が中核となって進め、翌年完成した。

この功績によって後に、この峠は権兵衛峠と呼ばれるようになり、権兵衛街道というようになった。神谷の集落と権兵衛峠の頂上に、古畑権兵衛の顕彰碑が建てられている。それから大量の米が牛馬によって伊那からこの街道を通って運ばれた。

江戸時代の中頃、伊那の高遠藩では藩御用の木曽の米商人から、毎年およそ二〇〇〇両の御用金を納めさせ、年貢米が上納されると、それに見合うお蔵米を木曽へ送り出した。この時の相場によるお蔵米のほかに、足し米分が上乗せされたという。

街道筋の宿場は、貨幣経済が発達していて、このような先物取り引きや為替決済も行われていた。木曽の宿場では、山間の地であっても街道を通して文化が交流し、都会並の生活があった。

伊那節に、

木曽へ　木曽へと
付け出す米は
伊那や高遠の　伊那や高遠の
余り米

と歌われてるが、木曽では「伊那や高遠の　涙米」と歌ったとか、いずれにしても伊那や高遠のお蔵米だったという。

文政四年（一八二一）に高遠藩は、毎年一万石の蔵米を木曽へ付け出すことを条件に、木曽の御用商人十八人から三〇〇〇両を借り入れている。

権兵衛街道をとおして、伊那からは米のほかに、干柿、櫛の材料、塩、塩魚、干魚、糸、綿、反物などが、木曽からは、白木、白木細工、曲げ物、漆器、桶木、屋根板、下駄、ひのき笠、木櫛、木炭、栗、飛騨鰤などが運ばれた。

V　黒川郷　道祖神街道を歩く

木曽で最も道祖神の多い谷

木曽福島から飛騨へ通じる道は現在国道三六一号となっているが、木曽では「飛騨街道」と呼んでいた。しかし飛騨の人たちは「木曽街道」と呼んでおり、江戸や伊勢参りの近道で頻繁に利用された街道であった。

車社会になってからは峠道は敬遠されて、東京へ行くには塩尻に出てから高速道路で行くルートが一般的だったが、平成十八年に権兵衛トンネルが開通してからは、伊那から高速道路を利用した方が近くなり大変便利になった。昔は山道など苦にならず、近道であれば峠道を利用したのだろう。

木曽の地域信仰として各地区ごとに、ドンド焼き（道祖神）・お日待（御嶽講）・庚申講・百万遍講・二十三夜・氏神祭・秋葉講・蚕玉祝・山の講などが行われ、黒川郷全体での信仰行事としては、白山神社祭・念仏講・百万遍講・御嶽講修行などがあった。

信仰の象徴として祠や石造物の御神体が求められ、石造物にすれば永久的であるからできればそうしたい。そんなことから、黒川郷は石造物が多い谷である。特に「道祖神」は木曽谷で一番多い。自然石を利用した大きなものが点在し、半数が「双体道祖神」であることから、近年訪ねてくる人が増えてきた。また谷間の地形であり街道筋にあるからわかりやすいし、案内板も整備されている。

道祖神とは

「道祖神」は、サエノカミとも呼ばれ集落の入口や境に建てられ、魔性防御を祈ったと伝えられているが、稲作が始まる弥生時代に生命誕生の象徴である丸い石を祀《まつ》ったことが始まりともいわれている。

双体道祖神の様子を見ると、夫婦円満・子孫繁栄を表してもおり、名前からすると「道の神様」として旅の安全も祈願したのだろう。その証拠に橋詰地区の道祖神は、猿田彦命《さるたひこのみこと》と天宇受売命《あめのうずめのみこと》が彫られている。

双体道祖神を見るときはよく観察するとおもしろい。たいてい最初に顔立ちを見るだろうが、男女の区別は

上志水の道祖神。仲むつまじくよりそう姿はほほえましい。（左頁も）

黒川谷から中央アルプスを望む

街道沿いにたたずむ道祖神

どうだろうか。髪型を見ると判断がつきやすい。ほとんど男神は向かって右側でひな壇と同じである。人間の結婚式などとは逆ではないだろうか、なぜだろう。

手を握り合っている姿像が多いが、さてどちらが握っているのだろう。全部同じではないのである。もう片方の手はどこにあるのだろう。お互いに肩を組んでいるものが多いが違うものもある。手首を握られた男神の手が少し伸びて、女神の腹部を触っているものもある。全国をまわるともっと積極的なものがあるそうだが、木曽地方ではこの程度であり、それがまたおくゆかしく、木曽地方の人間性も現れている。服装も違うから注意して見ていくと興味が倍増する。

黒川郷の道祖神は、何を祈願するといった決まりはなく、なんでもよく願いがかなう神様であり、旅人の安全を願う地元の気持ちも込められている。

飛騨街道に沿って

●上志水・栃本地区

国道十九号から分かれて、国道三六一号を三キロメートル入ったところに、「上志水」のバス停がある。バス停から後ろを振り返るとちょうど谷間の真ん中に中央アルプスの最高峰・木曽駒ヶ岳が出迎えてくれる。

五十メートルほど進むと左に旧道があり、「黒川郷道祖神」の案内看板がある。現存するのは十九体あって、そのうち十一体が双体道祖神である。所在地図も書かれているが、飛騨街道は「渡合」から左の谷へ入り、地蔵峠を越える道である。渡合から国道に沿って直進する本谷ルートとあるが、どちらも同数ほどの道祖神が存在する。

ここの旧道は、国道がバイパスで通過したおかげで狭い道がそのまま残っており昔の面影がある場所である。道路沿いの生垣の中や家の横などに馬頭観音がいくつも点在しているので注意して見ていくとよい。

上志沢筋の土手の上に最初の道祖神が見えてくる。上志水道祖神は木曽の典型的な彫りである。上部にはしめ縄も彫られており、下部には「村中安全」の文字も見られる。

栃本集落に入ると、ちょっとしたところに馬頭観音があるから探しながら歩くと良い。街道筋造りの家もあり、格子等の昔の面影も見られる。

少し離れて馬頭観音といっしょに栃本道祖神がある。黒川郷の道祖神で年号のわかるものの中では一番古く、享和二年(一八〇二)に建てられたものである。服装に特徴があり羽織袴のように見受けられる。上部には道祖神の文字もありしめ縄も刻まれた丁寧なものである。雑誌の写真にもよく見られるものであり写真に収めておくと良い。

双体道祖神では最も古い栃本の道祖神

黒川谷の桜

●東山観音堂

栃本集落から国道に出て坂道を登り茶屋を過ぎた隣に、東山観音堂がある。囲いの櫻の大木は、朝日将軍木曽義仲の子孫である「木曽義昌公手植之桜」と伝えられ石碑が建っている。桜の大木は伊勢湾台風のおりに折れてしまったが、運よく子生えが成長し毎年濃いピンク色の花を咲かせている。お堂には三十三観音が舟形石像で祀られ、中央には金箔の千手観音が箱に納められていた。しかし千手観音は昭和五十三年に盗難にあってしまった。

●島尻・島地区

次の旧道を入ると二カ所に文字道祖神が見られるが、石の屋根で囲われた中の馬頭観音が数カ所で見られる。

島地区の文字道祖神

中には丸彫もあるが、廃仏毀釈の折り、頭部は壊されたようだ。

●渡合地区

渡合は、飛騨街道地蔵峠道と本谷道の別れ道であるが、昔の分岐点にお堂があり地蔵様が立っている。台座に「右本谷道、左末川飛騨道」背面に「古畑孫兵衛家満造立」と刻まれている。昔、古畑庄屋が年始周りで遅くなったとき、迎えに来た愛犬を野獣と勘違いして切り殺してしまった場所であり、その供養のためにこの地蔵様を建てたという。

渡合地区の道祖神は島地区と一緒になっていてこの地区にはない。

●猪子島地区

猪子島は坂道の集落で、山手の石垣の上には供養碑や馬頭観音がいくつも見られる。

猪子島道祖神は坂道を登りきった右側の山道の脇にある。道祖神では珍しく横長の石で、四角に掘り込んだ中に彫られている。一見、上志水地区のものとよく似たものに見られるが、石工のいたずらとも思われる微笑ましいしぐさが隠されている。

よく観察しないと見落としてしまうから注意して見てみよう。

●樽沢地区

樽沢地区の道祖神は、集落の真ん中の道路端にある。

東山観音堂の馬頭観音

猪子島の道祖神。ほほえましい仕種は石工のいたずら？

今までのものと少し顔つきや服装が違っていて、男神は頭巾をかぶっている。これと似たものが他に二カ所あって毎年続けて建てられているから同じ石工が彫ったものに違いない。

団子鼻でふっくらとした顔である。

●二本木地区

だんだん谷が狭くなり対岸の山が迫ってくる。春の芽吹きもきれいだが、紅葉の時期になると山が燃えるようになる。二本木温泉や集落を過ぎ坂道を登りきった左側に文字道祖神が二体ある。小さい方は近年までよく確認されていなかったが、よく見たところ土中に「神」の字が埋まっていた。二体あわせて男女神をあらわしているのだろうか。

河原には鉱泉が湧いており、「二本木温泉」として町営施設が整っている。

●一の萱地区

集落には、二つの橋が架かっているが、上の橋を渡ったところに道祖神を真ん中にして馬頭観音等がいくつも祀られている。道祖神は樽沢地区のものとそっくりである。

橋の下流側のたもとを少し降りたところに聖徳太子坐像があり、上部に文字も刻まれて祀られている。

一の萱の道祖神。ふっくら丸顔で福々しい

樽沢の道祖神
（110ページ）

黒川郷本谷道に沿って

●中谷地区

渡合から本谷に向かうとすぐ右側の旧道に分かれる。見えてくる集落が中谷地区である。この集落の石造物は、全部集落の坂道を登りきったところにある公民館周辺に祀られている。公民館前の広場では、二つの大きな石碑が目に付く。

中谷地区の蚕影山碑

右側の碑は、「蚕影山」と書かれ神から授かった虫と書かれている。一般的には「蠶」の文字が使われており、木曽地方では珍しいものである。左上には「牛王寶」の魔除けの護符文字が刻まれているが、真中は、蚕の天敵であるネズミを退治してくれる蛇を表しているのか。いまだに解読ができない。

常陸国（茨城県）筑波山麓の蚕《こ》影山《かげさん》神社が総社で、養蚕が盛んなころは関東地方を中心に参拝で賑わっていたそうだ。主祭神は養蚕の神である稚産霊神《わくむすびのかみ》で、除難安産の守護神として富士山や浅間神社にも祀られている木花開耶《このはなさくや》姫《ひめ》命と、土神である埴山《はにやま》姫命を祀り、この三神を「蚕影山大権現」と呼んでいる。

この碑には、恩返しに変身した伝説の「金色姫」と、「木花開耶姫命」、筑波山から来て織物を教えてくれた「影道仙人」が彫られていると思われる。

●溝口地区

この地区は、二カ所に分けられて祀られている。最初の、冷たい沢水が流れ落ちている左上の階段を登ると、お堂があり釈迦如来坐像と笠石をかぶった供養塔がある。横にも巡礼供養塔等が三基と御嶽霊神碑・自然石に刻まれた馬頭観音がある。

もう一カ所は、カーブを過ぎた右手に「文字道祖神」と馬頭観音がいくつもある。道祖神碑は高

溝口の文字道祖神

さが一メートルを越し厚みのある重そうな石で、文字道祖神では一番大きい。馬頭観音は小型が多くかわいいが、よく見ると線を浮彫状に彫ったものや、一面二頭のもの、光背付のものがあり、中谷地区同様種類が多い。

●吉田地区

ふるさと体験館から北上すると次は、吉田地区である。集落へは土手上に別の道があって、国道端には民家がない。しかし石造物は国道沿いにあって、バス停のそばに双体道祖神がある。どこかで会ったことのある顔だが、樽沢地区や一の萱地区のものとそっくりである。

●平栃地区

平栃地区も本通りから離れて集落がある。本通り沿いには文字道祖神と馬頭観音がひっそりと立っている。集落内左手の民家の奥に一位の木の森があって津島神社と秋葉神社を祀った祠があり、左に天照皇大神と金刀比羅神社を一緒に祀った石碑がある。右側には大山祇神と氏神の石碑がそれぞれ祀られている。

●橋詰地区

平栃地区からは、しばらく黒川沿いの国道を歩く。橋詰橋手前で右側の堤防沿いに、一位の木があって下にお堂がある。お堂の右横に、厚みのある石に双体道祖神がある。今までのものとはぜんぜん違いお目にかかったことがない様態をしている。それもそのはずで、木曽では一つしかない、猿田彦《さるたひこ》命と天宇受売《あまのうずめ》命が彫られている。

この二人を彫った道祖神は江戸中期以降のものに見られるそうである。橋詰地区は古くから白山神社が祀られていた関係で古事記に関係する姿にしたのであろうか。

●白山神社

橋を渡って集落を過ぎると、左側に鎮守の森が見えてくる。地元では「白山神社」と呼んでいる。白山神社がこの地に建てられたのは文亀三年（一五〇三）と伝えられ、それまではもっと上流や山奥にあったもの

吉田の道祖神

橋詰の聖観音堂

橋詰の道祖神
右側の猿田彦命は道案内の神様であり、天狗とも言われているからきつい顔つきで、いまにも鼻が延びてきそうな人相だ。髪型は角髪結びにし、榊の木に麻を結わえたものを両手で持っている。天宇受売命はふっくらとした昔の美人顔である。右手に鈴、左手に扇子を持っている。

白山神社。十一面観音像

白山神社の石造物群

上小川の道祖神（左から2体目）

が何度か移転をしてきたそうだ。現在の本殿は明治十七年に再建された立川流の流れ造りである。

入口の橋を渡り鳥居をくぐった右側に大きな石碑が並んでいる。最初のものは「蠶玉《こだま》大明神」の文字の下に宝髻に髪を結った立像が彫られている。中国の民話で、美しい娘が馬と恋に陥り、殺されてしまった馬と一緒に天に上がった。その後、地上に蚕となって降りてきて養蚕を繁盛させ「馬鳴《めみょう》菩薩」として祀られた。その信仰から転じて養蚕信仰の本尊である「蚕玉大明神」に祀られたものである。

右隣は宝冠をかぶり智拳印に手を組んだ大日如来坐像で、上部に二十三夜碑に見られる太陽と月が彫られている。

次の石像は、左手に未開敷蓮華を挿した水瓶を持った十一面観音菩薩坐像。多面ですべてを見逃さずに救済してくれるからありがたい。右手は温かく迎え入れてくれるように開いている。(与願印)

●上小川地区・小野地区

橋のふもとに公衆トイレや「みやま苑」の食堂がある。手打ちそばや焼き魚があり、放流釣りを楽しむこともできる。橋を渡ると小野地区だが、上小川地区はさらに右側の谷を一キロメートル歩き、また戻らなければならないので、車の場合にお勧めする。

集会場のところまで進むと右側にお堂があり、御嶽講大先達覚明行者之碑が祀られている。二十三夜塔の横に、しめ縄も刻まれた双体道祖神がある。書かれている文字から小野と上小川地区が合同で建てられたことがわかる。木曽福島郷土館のものと顔や服装がよく似ている。誰もさわらないから苔むしているが、暖かそうでもある。

馬頭観音も祀られているが、三面一頭八臂のものもあり、村人を見守っている。

●清博士地区

野中集落からはしばらく歩くと橋の手前で左側土手下の畑の中に石造物が見えてくる。右膝を立てて肘をつき、手を耳に当てて鳥のさえずりを聞いている「安倍清明」の姿像である。姿像の前に二基の宝篋印塔があるが、安倍清明のお墓と伝えられている。清明の伝説地は数多くあるが、ほとんどが神社でお墓は珍しい。

その先を進み、集落への舗装道に出ると、川手に石造物が並んでいる。奥から見ることになるが、霊神碑・巡礼供養塔の次の石屋根の中に、馬頭観音が収められている。左端のものを注目して見ると、少女のような顔立ちをしていて馬が三頭ついている。

「斑鳩《いかるが》殿」と呼ばれるお堂がある。大工などの職人たちの守護神として祀ったものであるが、聖徳太子が斑鳩の地に斑鳩宮を建てたことからそう呼ばれてきたのだろう。お堂の中は何が収められているのか鍵が掛けられていて見た人はいないそうだ。

お堂の右側に双体道祖神がある。少し左に重心がある石で、しめ縄が斜めに彫られている。男神は頭巾をかぶって女神の肩に手を回しているが、女神の片方は表現されていなく、どこに手がいっているのか気になるところである。

●村木地区

村木集落の道祖神は、集落を過ぎてしばらく歩いた次の芝原集落との中間にあるお堂に、庚申塔と一緒に収められていた。約三七センチメートルの小さなもので、男女とも合掌をしている双体合掌像で木曽では珍しく貴重なものであった。昭和五六年の調査の時の写真は残っているが、その後見当たらなくなり、集落では松の枝や幣を立ててお参りしている。

「庚申塔」は、青面金剛像で六臂立像の下部に三猿二鶏が彫られている。

●芝原地区

左側の旧道に入っていくと、芝原集落がある。中ほどに「観音菩薩立像」があるが、昭和五十八年の集中豪雨災害で道路が川になって流れ、墓地も流されてしまった。その供養に建てたものである。道祖神も流されたが無事に発見され、御嶽様に移転された。

御嶽様は、集落を過ぎて左側にある一位の木の森がそうだ。板橋を渡って降りてすぐ左側に「東西百八拾

清博士の道祖神。花に囲まれてうれしそう

八ヶ所」供養碑と一緒に祀られている。

彫りは浅いが、羽織袴姿の双体道祖神である。女神に特徴があって、男神の方を向いて恥ずかしそうに少し顔を傾けている。奉納は文化十三年（一八一六）で栃本についで古い。

●折橋地区

トンネルの手前で右側の町道を上ると「きそふくしまスキー場」のゲレンデが見えてくる。子供も安心して滑ることができ家族連れに人気だ。シーズンオフは一般車の乗入れを禁止されており、ハイキングに頂上まで歩くのもよいコースだ。

集落最初の車道橋を渡って右側駐車場の後ろに馬頭観音が並んでいる。像の回りだけ彫りこんだものや、三頭付いているもの、丸彫で頭部のないもの、文字碑のものなどがあるが、左から三番目の四角柱は道祖神文字碑である。彫が浅く苔が付いているため、少しわかりにくい。

芝原の道祖神。文化年間に造られた古い石像

黒川郷 道祖神MAP

至新地蔵トンネル
361
きそふくしまスキー場
N
折橋
焼棚沢
芝原
地蔵峠
大沢の滝
行方不明
唐沢の滝上
(郷土館へ移転)
唐沢の滝
清博士
上小川
上小川
一の萱
白山神社
橋詰
361
平栃
二本木
吉田
溝口
樽沢
中谷
猪子島
渡合
島
島尻
東山観音堂
栃本
上志水
下志水
幸沢川
361

ならい
やぶはら
19
姥神峠トンネル
姥神峠
361
権兵衛トンネル
安部晴明の墓
361
山神社
ふるさと体験館
巴淵
義仲館
徳音寺
南宮神社
旗揚八幡宮
みやのこし
福島関所資料館
木曽町日義支所
林昌寺
はらの
「道の駅」
日義木曽駒高原
天神温泉
興禅寺
水無神社
山村代官屋敷
木曽町役場
きそふくしま
駒の湯温泉
木曽駒高原
島
曽の桟
かけはし温泉
あげまつ
木曽駒ヶ岳

N
木曽町案内MAP
ミズバショウ園
西野川
末川
361
西野温泉
開田温泉
開田高原
木曽町開田支所
観光案内所
丸山
稗田の
木曽御岳温泉
開田高原
マイアスキー場
木曽馬の里
地蔵峠
地蔵峠展望台
御嶽明神温泉
鹿の瀬温泉
木曽温泉
唐沢の滝
御嶽山
御嶽ロープウェイ
二本木
三岳
御嶽神社奥社
倉越高原
百間滝
こもれびの滝
小坂温泉
不易の滝
白川氷柱群
西野川
木
太陽の丘公園
おんたけスキー場
御嶽神社若宮
御嶽神社里宮
木曽町三岳支
王滝川
御嶽神社里宮
釜沼温泉
「道の駅
みたけ

[執筆者略歴]
田中　博（たなか　ひろし）

Ⅰ～Ⅳを執筆。
1928年、長野県木曽郡木曽福島町（現木曽町）に生まれる。旧制長野県立木曽中学校卒業後国鉄に就職。大阪鉄道教習所専門部建築課卒業。
1949年より91年３月まで小学校教員を勤める。89年４月より2007年３月まで木曽町教育委員会非常勤職員として勤務、文化財担当。
木曽町文化財保護審議委員会長
長野県文化財保護協会評議員
長野県立歴史館資料調査委員
［主な著書］『木曽福島町史』、『上松町史』、『ふるさと再発見』（木曽福島町教育委員会）、『目で見る木曽の100年』（郷土出版社）
ほか

千村　稔（ちむら　みのる）

Ⅴを執筆。

1947年、長野県新開村（現木曽町）に生まれる。高等学校卒業後、福島町および木曽福島町役場に勤務。2005年10月退職。

現在、木曽町文化財資料室に在籍するかたわら、石像物案内をしている。木曽地区山岳遭難救助隊長。

[写真家略歴]
山本　卓蔵（やまもと　たくぞう）

1943年、愛知県に生まれる。写真家・臼井薫の教えを受け、各地の自然やそこで営まれる人々の暮らしの足跡を撮り続ける。

［主な著書］『芦生の森』、『神々の道　熊野古道』（ピエブックス）、『ガイド熊野古道　世界遺産を歩く』（風媒社）

木曽・御嶽　わすれじの道紀行

2008年4月4日　第１刷発行　　（定価はカバーに表示してあります）

編　著　田中　博
写　真　山本　卓蔵
発行者　稲垣 喜代志

発行所　名古屋市中区上前津2-9-14　久野ビル
振替00880-5-5616　電話052-331-0008
http://www.fubaisha.com/
風媒社

乱丁・落丁本はお取り替えいたします。　＊印刷・製本／大阪書籍印刷
ISBN978-4-8331-0136-3